U0653676

做个书生教师

周益民 ——

著

长江出版传媒　长江文艺出版社

图书在版编目（CIP）数据

做个书生教师 / 周益民著. --武汉：长江文艺出
版社，2022.9
　　（大教育书系）
　　ISBN 978-7-5702-2779-2

　　Ⅰ. ①做… Ⅱ. ①周… Ⅲ. ①教育工作－文集 Ⅳ.
①G4-53

　　中国版本图书馆 CIP 数据核字(2022)第 123251 号

做个书生教师
ZUO GE SHUSHENG JIAOSHI

责任编辑：施柳柳　李婉莹　　　　　责任校对：毛季慧
封面设计：天行健设计　　　　　　　责任印制：邱　莉　杨　帆

出版：长江出版传媒　长江文艺出版社
地址：武汉市雄楚大街 268 号　　　　邮编：430070
发行：长江文艺出版社
http://www.cjlap.com
印刷：武汉市首壹印务有限公司

开本：880 毫米×1230 毫米　　1/32　　　印张：7.625　　　插页：4 页
版次：2022 年 9 月第 1 版　　　　　2022 年 9 月第 1 次印刷
字数：198 千字

定价：42.00 元

版权所有，盗版必究（举报电话：027—87679308　　87679310）
（图书出现印装问题，本社负责调换）

做个书生教师

藏书票　李瑞设计

13/40　爱书　X.1/2　李瑞 2020印

我没讲话，是话在讲我；

我走向窗户，我被打开了。

——汉特克

目 录 ● CONTENTS

序言："内心的春天向外生活"

文 / 朱永通

迄今为止，我与益民老师仅有一面之缘。

那年夏天，我社在南京举办"大夏书系读书节"活动，益民老师作为嘉宾在研讨会上发言。他在会上谈了些什么内容，我已记不起来。倒是清楚记得，第二天午间饭局上，益民老师的嘴巴一直没停过，不是吃个不停，而是说个不停。他提到他儿子正在读的史书，提到与学生共读的各种童书，提到他准备出版的书。他没有把油嘴滑舌当幽默，也没有把学问变为炫耀的谈资，所谈之事大多与书有关，所谈之书又皆与自己的生命体验发生联系，这无疑是另一道不可多得的"美食"。我安静地享受着，对他的好感油然而生。

此次会面，虽彼此交谈不多，但我牢牢记住了他：这是一个率真、热情、好学，且能说会道的老师。

之后，偶尔收到益民老师投给《教师月刊》"记事"栏目的一些稿件。这些未见任何雕饰的文章，所叙皆是日常小事，作者却能从中敏感地体味到各种生命滋味。读《身边的"提灯"》《特别的加分》等文章，我的心一下子就柔软起来，觉得人世间的美好，正是由作者笔下那些极富人情味的细节融汇而成的。我几乎每次都是第一时间安排这些文章发表，急迫到表现出有点不管不顾的任性——同事对于作者的出现频率有所顾虑，我却坚持。

虽坚持，但遗憾是难免的——毕竟杂志周期长，一年发不了几篇文章。于是，我游说益民老师，多多动笔，尽快把这些碎璧式的文字结集出版，以让更多的同仁受惠于他的智慧。益民老师先是推辞，接着犹豫，最后终于松口了。

在往来的邮件交流中，我对益民老师多了一份认识：他认真、柔情、博学，且勤于动笔。

伴随认识而来的是疑问，既有好奇的又有惊叹的：今天的教育，要独立于权力、金钱和潮流，难乎其难，所以，许多所谓的名师，集奴气、市侩气和俗气于一身，一丁点儿教师味也没有。益民老师何以免俗，长得那么书生气，那么像教师？

这个疑问像草一样，从此在我的心中一寸寸暗长。

很快，益民老师发来书稿。于是，每个清晨，我一边品著，一边捧读书稿，不亦快哉！

不到半个月，书稿读完了，我从中"偷学"了不少东西。更为重要的是，我心中草一样生长着的疑问，找到了收割的镰刀：文字是一个人的第二容貌，读益民老师的文字，我不仅看到了一张书生教师的脸孔，而且明白了这张脸孔是如何长成的。

童年阅读与阅读童年，为益民老师的成长打下了精神的底气。益民老师的童年是幸福的，因为他迷上了阅读，且一直有优秀的读物相伴。益民老师在《童年遇到一条路》一文中回忆，大概在小学三年级，他"像一头饿昏的困兽，焦渴地寻找着书源"。也就在那个时候，梅子涵先生撞进了他的生活。成年后，当了小学老师，他"尝试着把那些神奇的故事带到孩子面前"，于是，他"又回到了童年"，因为"走在文学这条路上"，他"和孩子们成了同路人"。作为教师，能够"在心灵的某个角落，住着一个儿童"，从而懂得阅读孩子的宇宙，何其幸哉！这也就不难理解，为何在"诗比节日更永恒"一卷里，那些绘本和童话故事，经益民老师一解读，处处闪耀着儿童的灵性之醇美。

与名师名家以及各行业优秀人士成为智识上的朋友，为益民老师的成长拓宽了视野。益民老师的交游能力，远远超出我的想象。一天清晨，我第 N 次读完《沉默的视野》（陈家琪著，上海文艺出版社）一书，意犹未尽之际，突然有了吃完鸡蛋，还要找母鸡的冲动。此时依稀忆起益民老师似在书稿中提到向陈家琪先生请教之事，于是，试着发去短信问问看。没想到，益民老师很快复信，告知联系"母鸡"的方式。他的复信一下子点醒了我。益民老师是开放的，他善于内省，更善于向外学习。在"校园有条青砖道"一卷里，既扑闪着他向李吉林、窦桂梅等名师虚心学习的身影，也闪现了他在与梅子涵、金波、程玮等作家真诚交往中，尽情吮吸文学汁液的样子。从书中得知，益民老师还与当过编辑的孙卫卫、歌手王达成为朋友。益民老师的交游能力，进一步启发了我：一个人与什么样的人成为朋友，意味着他能眺望到什么样的生命景致。

不断从课堂上提取幸福，积攒教育教学的实践智慧，为益民老师的成长扎下了深厚的生命根须。课堂是一个教师教育生命的心脏，它能否正常跳动，关乎教师的职业幸福。在"语文课上的咩咩声"

一卷里，益民老师对课堂的观察，反复向我们重申了这样一个基本常识：任何一节好课，无不源自课前大量的准备。同时，不管课堂成功与否，益民老师从不停下反思的脚步。

书稿读完了，我也找到了益民老师何以免俗的答案。但很快，心中又冒出一个新问题：身为教师，如何做到像益民老师一样幸福呢？

也许读毕此书，你会找到自己的答案。

如果没有，我相信，幸福的地图一定隐藏在海子的这句诗里，因为它暗含了益民老师的精神气象：

"灯，从门窗向外生活 // 灯啊，是我内心的春天向外生活。"

（作者简介：朱永通，独立教育研究者，《教师月刊》首席编辑。）

身边的『提灯』

身边的"提灯"

上周起，同事小朱就咳个不停，经常未见其人，先闻其声。我嘲笑他太过柔弱、娇贵，叮嘱他双休日好好休息。今天上班见着小朱，没说两句，他又咳起来。见我惊讶，他说，其实一直在用药，但未见好转，白天还行，晚上更厉害，昨晚咳得几乎一宿没睡着。

这话说得大家一阵心疼。小朱独自一人在南京，我们理当力所能及地给予关心。想起班上辰同学的妈妈在附近的省级机关医院工作，便给她留言，陈述了小朱的症状。一会儿，辰妈来电，对小朱进行了仔细询问，确定了所需用药。我连忙再三申明，只需告知药名，我们自己去药店购买。辰妈诚恳地说，都是家庭常备药，手头正好都备着，放着也是放着，不必客气，中午就送来。既然如此，我不再坚持。

按照约定的时间，中午自习刚结束，辰妈的电话就来了，告知已到校门口。我下楼，接过她递上的小药袋，连连致谢。

小药袋里大概有四五种药，我边上楼边打开，想查看一下。奇怪，一个个盒盖上都贴着张黄色小贴纸。再一看，每张纸上都写满了字。我不由停下脚步，仔细阅读。第一张，上面是两行，八个字：保护嗓子，早日康复！看第二张，按平喘、化痰、消炎、抗过敏，列了相应的药名和用药方法，其中，特别在两处地方分别用红色标示了注意事项。再看第三张，写的是：多饮水（少喝刺激性的浓茶和咖啡）；少食甜食（过甜本来就容易起痰）；多休息（提前夜间休整时间，23:00 之前）；放宽心态（恢复需要至少一周时间）。

话语里，既有专业的嘱咐，更有贴心的关怀。看着这秀丽、工整的字迹，我仿佛看到作为医护人员的辰妈那春风般的笑容，仿佛看到她提起笔，在纸片上字斟句酌，然后满意地微笑。回到办公室，我将药品一一取出，整齐地摆放在办公桌上，举起相机，细心地拍了下来。

当我和小朱真诚地向辰妈致谢时，她说："我的职业关注身体，你们的职业关注心灵，你们更值得尊敬。"

我把这句话看作一种鞭策。我想起近代护理事业的先驱南丁格尔女士，每个夜晚，她都手执风灯巡视，被伤病员亲切地称为"提灯女神"。这灯，其实是一盏心灵之灯，将温暖、美好、挚诚的人性光辉照耀。这灯，可以平凡到就是一张纸片，就是几行文字。

2013 年 10 月 21 日

拒绝"著名"

不知从哪天起，在某些场合，我开始被人介绍为"著名特级教师"，有时，前面甚至还要冠以"全国"二字。一开始，确实狠狠满足了一把虚荣心——卧薪尝胆这些年，终于混到"著名"的分上了。我是一个不善于在人前多露面的人，以前参加活动坐在主席台上被主持人介绍时，常常一阵慌乱，还不由扮个鬼脸吐下舌头，惹得底下一阵笑声。现在"著名"了，当然得有一点"著名"的样子。于是，腰板挺直，脸也绷紧，做出一副成熟相。谁知这么一来二去，竟又心虚起来。

有一次，一个朋友谈及鉴别著名人士的标识，竟是周围人的两个语气词——"啊？""哦！""啊？"表示见到"真人"的惊喜，"哦！"则表示早知此人。听到这番高论，我的脑门开始冒汗。我倒也不时听到"啊？"的声音，不过感受到的似乎不是惊喜，更多的是惊讶，意思多半是："这人谁啊？没听说过！"

"著名"，还常常给自己带来麻烦。我有一回参加一个活动，坐在后排听课。那几日事情比较多，有点疲惫，听着听着不由打起瞌睡来，心想反正在最后一排，没人在意。课上完，照例是你评我说热闹一番。我正迷迷糊糊，忽然，听主持人说："今天，著名特级教师×××也来参加我们的活动了，有请他做指导！"我登时惊出一身冷汗，身旁的朋友连忙推推我说："叫你呢。"从此，再参加活动，只要主办方是有点熟悉的，我都事先申明，不要叫我讲话。没有负担，一身轻松。

有"狐朋狗友"揶揄我："瞧你那一脸的幼稚，怎么看都不著名。"这真是戳到了我的痛处，我的样子常常被人误作小年轻。不过，他的话也提醒了我，到底是谁让自己"著名"了？分析来分析去，总算有了点眉目，原来是那些活动的主办方以及某些媒体。又不是娱乐圈的经纪公司，他们打造这么多"著名"教师干吗？那样就提高了活动的品位和档次？不信，去看看那些活动海报或通知，哪个嘉宾的称号不带个"著名"？当然也有另一种情况，出于礼节，给你安个名号。

一旦发现了这个秘密，再有主持人"著名"我时，我就会很书生气地站起来，说："抱歉，本人是非著名教师。"又有"狐朋狗友"提醒："别这样，理解的以为你玩幽默，较真的对你嗤之以鼻，说你扶不上墙！"

不过，也有自己把自己"著名"了的。有位老兄，平时喜欢码点文字，也发表了不少文章。我偶然看到其名片，竟是折叠式的。心里纳闷，翻开一看，罗列的都是自己在各大报刊所发表的"豆腐块"的题目，密密麻麻，最下面还有串省略号，唯恐天下人不知的意思。写到这儿，倒想起一位真正的作家，江苏省作家协会副主席黄蓓佳女士，她的名片上除了名字与联系方式，一无所有。那张小名片我珍藏至今。

上面那位可能还"著名"得有点含蓄，而这一位就有点急不可待了。一次，有老师问我是否熟悉×××。我听出里面的潜台词，就反问怎么了。他说："你看看他博客的自我介绍。"打开网址一看，我乐了，竟然写着"著名特级教师"。又不是娱乐圈，至于吗？从此，我在心里看低了他几分。

一个人"被著名"还好办，怕就怕自己真当自己"著名"了。我参加工作没几年时，有个教美术的年轻同事，一次，他满脸虔诚地请教我："老师，请问那个'混响教学'是怎么回事？""什么教学？"我感到疑惑。他又重复了一遍，同时满怀期待地看着我。我纠结了一小会儿，终于老老实实地回答："这名词我还真没听说过！""哈哈哈——"那小子憋不住，笑得"花枝乱颤"，说，"那是我编出来的。你知道著名专家×××怎么解释吗？"他惟妙惟肖地演绎了一番当时的情景：他恭恭敬敬地向专家表示自己的崇拜，说他在学习中遇到了一个生僻名词，希望专家指点，于是，著名专家笑眯眯地、耐心十足地将"混响教学"的来龙去脉、理论依据、操作策略等一一道来，讲得天花乱坠。美术老师表演完，我已经笑得捂住了肚子。

记得有位名人说过（没办法，为了增强说服力，我也得整个"名人"），人最困难的是认识自我。尤其是那些"被著名"的人，可千万别自己把自己"著名"了。

2011 年 3 月

特别的加分

　　有一回，我带儿子欣赏了一场音乐会。刚回到家，儿子就说："爸，把音乐会的门票给我。"儿子以前可并无收藏门票的喜好。见我疑惑，他补充道："音乐老师说了，只要聆听一场完整的音乐会，平时成绩可以加分，门票是凭证。"

　　儿子似乎没有遗传我对音乐的喜爱，但这回去听音乐会，却表现得意外积极，秘密原来在此。

　　加分，乃至奖励小红花、五角星，我们都太熟悉不过——利用孩子的特有心理，给予外部的刺激，施与某方面的动力，从而达到教育者的某种目的。但是，我们以前实施、接触的多是纪律或学业成绩方面的加分，像儿子的音乐老师这般的举措，我还是头一回遇着。

　　细细思量，越发感觉到老师这一做法的巧妙。音乐是听觉的艺术，老师多次强调，家长要鼓励孩子多聆听，在不断地欣赏中丰富对音乐的感性体验，培养音乐的耳朵。聆听音乐会，乃至欣赏优质音乐光碟，正是让孩子与音乐耳鬓厮磨，在这一互动过程中培养他们对音乐的兴趣，丰富内心的情感。更不用说一场高雅音乐会曲目之经典，艺术家表演之精湛，整体氛围之动人，这些都给学生以超越课堂的体验与见识。加分的背后，其实是老师的课程观和教学观。

这位老师不一般！我开始留意音乐老师的教学。

临近期末，各科开始紧张地复习，我却发现，儿子班级的学生们三三两两，空隙时间都在吹吹打打、唱唱跳跳。原来，班级学生大多学有一种乐器，每逢期末，老师就组织学生来一次才艺展示。少数学生未学乐器也没关系，可以自由组合，排个小合唱或者小舞蹈。于是，期末，一台班级音乐会俨然拉开了帷幕。人人上台，个个展示，全都喜气洋洋，自信自豪。

把检测转换成一次展示，变被动为主动，多好的创意！不，这背后更多的是对学习本质的理解，是对学生学习心理的深刻把握。身为语文教师，我不由思考：我的语文教学能够从中获得什么启示？

于是，我在班级宣布，鼓励观看话剧、曲艺、朗诵会等演出，鼓励参加社会机构组织的名家讲座、参观研讨活动。语言的学习、文化的获得都需要浸泡。当然，这些都会有相应的"加分"奖励。渐渐地，班级的 QQ 群里，家长们除了交流孩子的学习情况，还不时地发布相关的演出信息。学生们的课余话题中也多了这方面的内容。期末，朗读、背诵、演说，也都变成一次次展示。在这种任务与情感双驱动的过程中，学生们获得的或许更多。

我知道，这些只是简单模仿，甚至有点东施效颦的味道，但是，教育的真谛与价值不正是这样一点点摸索出来的吗？教育的改革与发展不正是这样一步步探索施行的吗？

2014 年 1 月

寻找书生

不知从何时起，"书生""书生气"已经沦为贬义词，它的出现大多伴随着讥诮、同情，或者无奈。半个世纪前，朱自清先生就曾写过一篇很有意思的杂文《论书生的酸气》。到今天，书生终于成为一个"稀有品种"。

确实，站在这个现实的社会背景前，书生是多么格格不入，他的背影卑微、孤独。现在的人，有赴不完的酒宴，有挣不够的钱财，有算不尽的心计，哪还有时间读书？

当然，有的书也是卖得很火的，职场经验、职称考试……它们都指向那一个个明确得几乎有点残酷的目的。

可是，书生不这样。他们爱书，看书，爱得单纯，看得专注。他们大概不曾仔细分辨，这本书能为自己增添几分考分，那本书将在自己的致富路上发挥怎样的作用。他们看的时候不急不躁，眉梢嘴角都是笑意。书就是他们的宝物，就是他们的财富。人们笑他们痴，可谁知他们心中的乐？

我就曾遇到过这样纯粹的书生。我家小区大门旁有家地下菜市场，市场的摊主里有个中年男子。只要没有顾客，他就站在摊位前津津有味地翻看唐诗宋词，四周的熙熙攘攘与他毫无干系。一开始以为是偶然，等每次过去都看见这一幕时，我不禁心生感动，这不就是书生本色吗？这不就是超越了世俗功利的纯粹吗？

看来，不是没有书生，而是我们没有去发现、去寻找。我希望，我们的媒体不要眼里只有明星大腕，眼里只有成功人士，也要对准生活中的普通人，他们的真善美才是亲切、实在的。这种发现其实也是一种培育，让更多的人看到同行者的身影，找到"相同尺码的人"，在心里彼此温暖，攒起足够的力量。

真正的书生还是清高的。他们有自己的内心准则，有自定的处世底线。他们知道不齿，知道荣辱。恰如康德所说："位我上者，灿烂星空；道德律令，在我心中。"可是，这样的书生还剩几许？即便在与书打交道的人群中，还有多少人心存这样的良知？为了版税，为了营销，可以不顾文学的标准，极尽吹捧，大肆渲染，误导读者。我多希望，我们的媒体在面对读者，尤其是儿童读者时，能够多一分真诚，多一点责任。

当然，这个世界上不可能也不必要全是书生，但一个书生稀缺的社会也是不正常的，甚至，我们所有的人或多或少都应该是有点书生意气的。

写到这儿，我想起了作家方素珍女士新创作的一本图画书：

你想要一颗星星吗？

我把整片夜空送给你。

你想要一朵玫瑰吗？

NI XIANGYAO YI KE XINGXING MA
你想要一颗星星吗？

方素珍◎著　江书婷◎绘

我把整座花园送给你。

你想要一片枫叶吗？
我把整座森林送给你。

如果你想要一丝清凉，
我请小雨飘下来。

如果你想要一朵白云，
我请清风送过来。

如果你想要哭泣，
我的怀抱借给你。

什么？这些你都想要？

我想想看！

……

那么，这本书送给你。

我想，那其实是两个书生间的对话。我好希望，这不是童话！

2012 年 4 月

两只小鸟

前年 11 月，我去了一趟马来西亚的关丹。一天，当地朋友带我去一位拿督（马来西亚王室封的一种爵位）的庄园做客。在客厅闲聊时，拿督先生从他的平板电脑里调出一张照片给我们看。真是个温馨动人的瞬间——照片上，拿督先生正随意坐在沙发上，肩头，站立着一只小鸟。小鸟歪着头，眼睛亮闪闪的，一副亲昵幸福的样子。夕阳的余晖从窗外洒进来，将小鸟与人都抹上一层柔和的光亮。这情景，就是石头见了都会变柔软。

拿督先生告诉我们，一天，他在院子里发现一只受伤的小鸟，便小心地带回屋敷药、疗养。小鸟伤好飞走了。未想，几日后的傍晚，小鸟又飞了回来，在屋里绕着飞了几圈后，竟轻轻落在他的肩上。

这时，我不由想起作家冯骥才先生的散文名篇《珍珠鸟》，文中描绘的画面同我们的眼前所见颇为相似：

有一天，我伏案写作时，它居然落到我的肩上。我手中的笔不觉停了，生怕惊跑它。待一会儿，扭头看，这小家伙竟趴在我的肩头睡着了，银灰色的眼睑盖住眸子，小红脚刚好给胸脯上长长的绒毛盖住。我轻轻抬一抬肩，它没醒，睡得好熟！还咂咂嘴，难道在做梦？

　　然而，事情的发展却颇富戏剧性。第二天一早，拿督起床来到客厅，一眼瞧见桌上扣着张大罩子，小鸟正在罩中不时挣扎。原来，女佣怕家中的猫伤害小鸟，出于好意，临睡前，将小鸟罩了起来。拿督暗叫一声不好，快步上前，揭掉罩子。几乎同时，小鸟奋力展开翅膀，向着窗外直飞而去。拿督站在窗前，看着小鸟越飞越远，良久未动。他知道，小鸟再也不会回来了。

　　冯骥才先生笔下的小鸟又是怎样的？"朋友送我一对珍珠鸟。放在一个简易的竹条编成的笼子里，笼内还有一卷干草，那是小鸟儿舒适又温暖的巢。""天色入暮，它就在父母再三的呼唤声中，飞向笼子，扭动滚圆的身子，挤开那些绿叶钻进去。"

　　一个视给予安全的罩子为囚笼，一个却将笼子视作安全的家，两者的价值追求可谓背道而驰。

　　造成这一差异的原因是什么？或许不是一因一果，但环境肯定是非常重要的因素。第一只鸟儿从小生活在大自然中，碧野之上，蓝天之下，都是它自由的家。它与绿树流云为伴，同虫鸣泉声应和，见惯风雨雷电，习惯了无拘无束地自由飞翔。冯骥才先生笔下的小鸟呢，来到这个世界，所见就是狭小的巢穴，每日的生活空间就在这个巢穴的内外，这就是它的全部世界。于是，它心满意足，自得其乐。或许，随着它进一步成长，它也会好奇地看一看窗外的天地，但是，面对外面世界的风云变幻，它多半只会退回现在这个"舒适又温暖的巢"。

可是，鸟儿的本性不就是飞翔吗？鸟儿的家不该是蓝天吗？

这两只小鸟，正是鸟儿中的儿童、少年。于是，我不由想起我们的孩子。我们又该给他们一个怎样的环境？当下的环境所造就的又是怎样的儿童？

2014 年 1 月

赤脚大仙

20日上午，研习营正式开始。8:30，我们来到会场参加开幕式。会场设在三楼，走到二楼楼梯口，就见前面台阶上一行红色的字：请将您的鞋子放在鞋架上。我看看旁边与会的老师，跟着将鞋子脱下放入楼道鞋架。不同的是，鞋架上一排排的都是拖鞋，就我的一双皮凉鞋突兀地立在那儿，孤独而另类。折转向上走，在楼梯口有块白色柔软的垫子，每个人上去踩一踩，继续向上，进入会场。

跟着往上走的时候就稍稍有点儿不自在，周围的人都光着脚板，只有我跟外星人似的穿了双袜子。走进会场，这种感觉更强烈，所有马来西亚朋友，男女老少一百来号人都光着脚丫呢。我坐在椅子上，把穿着袜子的脚往后挪，尽量不暴露在旁边人的眼中。

马来西亚人习惯光脚，我其实知道。大概一年多前，朋友光宏传来一张他给小朋友上课的照片，我一眼就瞧见一排白闪闪的脚丫，顿时大惊小怪起来："你们怎么光脚上课？"光宏对我的大惊小怪同样奇怪："在这儿我们都是光脚上课的啊！"

开幕式结束后，一位教授演讲。我溜回房间，一边准备自己的演讲内容，一边开始了思想斗争：到底光不光脚？

自打上学起，公众场合别说光脚，连拖鞋都不曾穿过。我纠结着，随手在班级 QQ 群里道了句苦衷。一位家长朋友立刻回应："入乡随俗嘛！"别看躲在万里之外，我分明瞧见他正捂着嘴窃笑。

怎么办？我牙一咬，脚一跺。男子汉大丈夫，还能被一双小小袜子困住？脱！ 11:00，我光着脚，气宇轩昂地走上主席台。刚开始还感觉有点异样，到后来，压根就忘了这事，一口气讲了 90 分钟。

上午过去了，我又开始为下午犹豫起来。14:00—15:00，我要为马来西亚的朋友现场执教一节读书观摩课。上午讲座时，尽管人高高坐在上面，但双脚躲在讲桌下，谁都看不见。下午可是给孩子们上课，得来回走动，那时，真正是全场的焦点。考验我的时刻到了！

罢，罢，一不做，二不休，豁出去，将上午的优良传统发扬光大！

我光着脚，在课堂里来回走动，竟然步履轻盈，感觉奇好。我突然想起，很小很小的时候，在外婆家的田地里，光着脚丫欢跑飞奔，与泥土亲近，那么踏实，那么亲切。原来，光脚丫的感觉就是回到童年的感觉。不禁想起小时候那首流行的校园歌曲：

赤足走在窄窄的田埂上
听着脚步噼啪噼啪响
伴随着声声亲切的呼唤
带我走回童年的时光

清新的旋律在异国他乡，穿越时间，不期而至。小时候，只是单纯喜欢歌者清风泉水般明澈的歌声，这会儿，才突然对其中的韵味有了深深的领悟。远逝的童年，疏离的田野，另一个世界的亲人，都还好吗？

与此同时，我也彻底明白了：怪不得马来西亚朋友的脚板个个保养得如此好，那是因为它们摆脱了一切羁绊，呈现着最真实的面目，随时呼吸着新鲜的空气。于是，去吃饭，我抢在大马朋友前脱鞋；拍集体照，我人还没到鞋架，凉鞋已被甩了上去。

只是，我担心，一旦习惯成了自然，等哪天我回到单位，一个不小心，光着一双脚丫走上讲台，还没明白怎么回事，就被孩子起哄、家长埋怨、同事笑话……落到那样一个下场，我该怎么办？

（附记：马来西亚并非所有场所上课都需赤脚，在有此要求的宗教场所、设备比较完善的学校才需如此。文中所提光宏赤脚上课的情形，后经了解，是在假日学生阅读营活动中。其所在学校因条件限制，教室里需穿鞋，但在办公室、图书馆等场所均需脱鞋。）

2012 年 12 月

就送一本书

阳光明媚的周末，正宅在家里闲得无聊，手机忽然响起，是个陌生的号码。按下接听键，传来一个很儒雅的男子的声音，他自我介绍是班上×× 同学的父亲，又问我能否出去见个面。

我听出了里边的潜台词，本能地有些警觉。我跟这位家长平时基本没有什么交流，甚至连他的相貌都记不起。更何况工作这么多年，我一直试图与学生家长保持一种纯粹的关系。

"我想送你一本书。"电话那边说。

送一本书？我以为自己听错了。一本什么书，急切到不能等到周一让孩子带来，不能趁送孩子上学顺便给我？

我们约定半小时后在学校门口见面，那儿离我们两家都不远。更重要的是，我毫无道理地感到，学校这一场所让我跟家长的会面具有某种安全感。

两个都很守时的人见面了。

一眼就瞅见他手里捧着一本书，白色的封面，黑色书名的字号很大，但看不清楚。他迎上来，微笑着，还没顾上打招呼，却先把书递给了我。这下看清了书名——《润物无声：在交大安泰听演讲》。

他说，他刚从上海回来，在上海交通大学参加了几天的学术活动，听了安泰经济与管理学院院长王方华先生的演讲，感触良多，于是，买下了王先生主编的这本书。我这才注意到，手中的书正是王先生主编的。安泰经济与管理学院是国内最知名的商学院之一，这本书正是该学院安泰论坛上商界名流们的演讲精选。

他说，他在上海已经看完了这本书，得到很多启迪与鼓舞，他迫不及待地想与人分享自己的喜悦和收获。于是，他想到了我。他说："尽管没有多少交往，但是通过孩子，我感到你是个读书人，我首先想到的就是把这本书送给你。尽管它谈的不是教育，但我想，你会喜欢的。"

那一刻，我真的有点感动。原来，我们的一点一滴，都在旁人的眼里、心中描摹着自己的形象。原来，人和人之间的关系可以纯粹到就是一本书。我觉得，那位家长朋友在那个时刻给了我一个大礼。

那天，就在傍晚的余晖里，在学校门前幽静的大道旁，我们两个从从容容地聊着读书与人生。我们一直微笑着。

现在，我还是跟那位家长朋友没有多少联系。那天，他就是为了送一本书。

2010 年 7 月

从很久很久以前开始

知道梅子涵先生，真的是很久很久以前的事儿了。

那时候，我还在上小学，读四年级。那个学期，订了江苏《少年文艺》。于是，一切就变得天经地义起来。《天鹅》《课堂》《走在路上》……梅先生的这些作品我都是在那个时候读的。后来又发现，我在拥有自己的《少年文艺》之前，从不知什么渠道读到的旧刊中的《马老师喜欢的》，竟然也是梅先生的作品，并且还是他的处女作。我不禁有些得意，原来自己一不小心竟然成了梅先生的第一代读者！

一般说来，小孩子读书不怎么会太过在意作者，可我偏偏是个例外，对创造故事的人崇拜之至，自然就毫不费力地记住了刊物里频频露面的"梅子涵"。当然还有一个原因——"梅子涵"这个脱俗的名字是很让一个文学儿童想入非非的。有一年，梅先生的一个短篇获得了年度优秀作品奖。某一期的刊物封二上一溜儿都是获奖作者照片，那些人如今大多成了中国儿童文学界的风云人物。梅先生的照片在中间，他站在学校的教学楼阳台上（现在想来应该是他任职的上海师范大学吧），臂弯夹着一本书，正酷酷地望着前方。令人有点遗憾的是，别的作者都是近景照，可他偏偏让摄影师取了个远景，既让我们"印象"了作家的面目，又仍保留着一丝神秘。最最重要的是，近年来，我一直想考证梅先生那豁了牙但绝不漏风的童话嘴巴源起于何时，可即使拿了放大镜，每每到此也只得功亏一篑。

评论家论说作品时常常弄得复杂无比，而在一个孩子眼里，事情就变得简单多了，所谓作品的区别只有两种：好看的和不好看的。在当时小小的我心中，梅先生的作品自然归入"好看的"之列，并且排名绝对靠前。给喜欢的作家、作品排名是孩子乐此不疲的。梅先生的作品中，我当时最喜欢的是短篇小说《走在路上》。

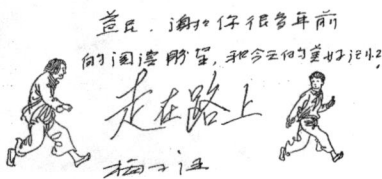

注：谨以仔很多年前的阅读照写，把今天的美好记忆

走在路上

梅子涵

2019.11.3

小远带奶奶去看电影。是的，现在是他带奶奶去看电影。他十四岁了，长大了。奶奶已经整七十，老了。一个人老了以后就会象小孩一样，上街、看电影都要人带。

电影是学校包场的，《海狼》，看过的人都说紧张极了。吴成成生病出来，多出一张票。"卖给我好吗？"小远对负责分票的文娱委员苏荦说。他身上正好有两毛钱，便突然决定要把这张多余的票买下，带奶奶一起去看。真的是突然决定的，说不大清是什么原因。人是经常忧悒悒地就突然决定要去做一件什么事情吗？

可是现在他后悔了这张票。你看看奶奶的动作有多慢，慢极了。两点十分的电影，从家里走到"东宫"要二十分钟——是按小远的速度走，按奶奶的速度当然远远不够。一点十分小远就叫了："快点了，快点了，奶奶，一点十分了。"

"就好了，就好了。"奶奶连忙应。可是慢吞吞，慢吞吞，大房间摸到小房间……已经一点二十分了。

"奶奶，怎么这么慢的，到现在还没有好！"小远又叫道。

"就好了，就好了。"奶奶连忙应，并且慌慌忙忙地在房间里弄起来，"咚咚咚"，可是仍旧没有好，厨房间摸到走廊……已经一点半了。

32

让奶奶背着到马路上去玩。那时候小远什么都不懂，什么都要问，奶奶什么都能告诉他。奶奶还顶着烈日拉车子。一瞬间，小远突然觉得自己应该等一等奶奶，搀着奶奶一起走。

小说写的不是我的事，可我分明在里边读到了自己。我小小的心犹如微风掠过树林般起了某种颤动。"走在路上"就是从那个时候起成了根植我心的一个意象。成年后，读到一些人对这个作品创作技法的分析和赞赏，但在我，它的恒久魅力永远来自其间的感情碰撞。

写作这样作品的人，一定善良真挚；喜欢阅读这样作品的人，一定真挚善良。

长大后，我成了一名小学语文教师。

我们的班级每天都有固定的"阅读时光"，那是一个文学的亲近仪式，自由的宁静是它的主旋律。可是有那么一回，静寂的室内猛地爆出一阵欢笑，是个胖乎乎的小男孩。看着四面诧异的目光，他搔搔头，不好意思地抿住了嘴。谁知才隔一会儿，他的笑声又抑制不住地炸响。什么书有如此的魔力？我来了兴趣，凑过去一看，原来是梅先生的《曹迪民先生的故事》。

班上同学的心也都痒痒起来了，干脆，让"小胖子"每天读上一段吧。于是，那些日子，"阅读时光"成了名副其实的"欢笑时光"。笑吧，那是真正童年的声音；笑吧，那是真正童年的表情。

写作这样作品的人，一定有颗活泼泼的心；阅读这样作品的人，活泼泼的心一定也会属于他。

这样的猜测在结识梅先生之后，几乎随时都会得到证实，凡梅先生在处，必有欢声笑语。不过众人笑得肚子叫疼的时候，他的表情通常酷酷的，连笑肌都不会提一下，属于上乘功夫的冷幽默。

那一回，梅先生的大著《相信童话》出版，趁着热闹，在一群人中我也嚷着要梅先生签个名。梅先生慢条斯理地用他的海派普通话说："就这么签个名多没意思，得来个特别点的。"唰唰几笔写完，我们探头看去，写的是"特级周：继续讲童话"，落款"子涵梅"。众人一齐笑翻。

站在讲演台上的梅先生，表现得更多的则是绵里藏针的尖锐与对殷殷童心的期许，他是个彻底的儿童本位主义者。永远记得那个略带凉意的早春，在古城扬州，他深情地讲述着斯蒂文森笔下的李利，偌大的会场犹如无风的湖面，潮水却在每个人的心底涌流。从此，"点灯人"在愈益众多的有追求、有梦想的语文教师心中，成了一种精神资源。

我们开始把文学带到校园，带进教室，带上讲桌，也送入孩子们的书包。我们分明看见了童年的另一种神情，我们终于"把童年逗笑了"。

我们开始走出单纯的练习与频繁的测试，走出机械，走出日渐的麻木，站在经典与优秀跟前。

我们开始对童年的文学描画、阅读、讲述、诵吟、聆听……我们和童年一起欢欢喜喜地成长。

我常常猜想，那个"小胖子"，那些"小胖子们"，他们成年后，某一天谈起已经成了梅爷爷的梅先生，一定会这样说：

"知道梅子涵先生，真的是很久很久以前的事儿了。"

故事妈妈让书香更温暖

早就听闻台湾"书香满宝岛"计划的行动中，故事妈妈成为一支重要的力量。因此，访问故事妈妈也是我们此次访问的一项主要内容。在台湾朋友的安排下，我们先后拜访了台南故事妈妈和台东故事妈妈。

一个宜人的夜晚，我们一行驱车来到了台南故事妈妈的活动地点。三位故事妈妈落落大方地为我们表演了《森林大熊》《石头汤》等故事。第一位妈妈站着说演，第二位表演的是绘本讲述，第三位则以旧挂历纸作简单的道具辅助讲述。她们都非常投入，语气夸张，表情丰富，间或还把我们当作孩子，就故事的情节发展引导我们做猜测、评判等互动活动。可以想见，这个活动应该是很受孩子欢迎的。

两天后的早晨，我们直接走进了台东大学附小的教室，跟班上的孩子共同体验了一番。每周二早晨 7:40—8:30 是台东大学附小全校教师集中开会时间，班级没有教师看管，学校就组织早上有空闲的妈妈们成立了故事团，邀请妈妈们利用这段时间走进班级给孩子讲故事。据介绍，这个活动已经坚持近 20 年。我们随意走进几个低年级班级，每个教室都有一位妈妈，她们站在教室前方，配合着翻阅手中的绘本读物，声情并茂地讲述着，间或板书注音字母与生字，俨然一名教师。课堂秩序良好，即便有晚到交作业的同学也并不影响讲述的进行。可以看出这些妈妈在孩子心中的受欢迎程度，以及她们自身的讲述技巧与班级调控能力。

在观摩了妈妈们的故事讲述后，我们还分别跟两地的妈妈故事团进行了交流，了解了故事团的历史、成员、活动形式等我感兴趣的话题。

台湾的故事妈妈已经历时 20 年，目前有一两千个团。整个台湾岛，除了三个市，各地都成立了故事妈妈协会，并由政府提供一定的资助来开展各种活动。台东县故事协会成立于 2000 年 5 月，由 7 所小学的校园故事妈妈团共同组成。成员们的职业是丰富多彩的，像台东妈妈故事团中就有音乐教师、美术教师、牙科医生（故事爸爸）、电台主持人、钢琴教师、家庭主妇、保险公司员工等。

故事团有一定的培训机制，台南故事团首批 64 名成员就经过了 8 个月的培训。受训内容有故事的选择、说故事的技巧等。这种培训有的由政府机构支持，更多的则属自发性质。我手头的一份华勋"国小"晨光志工（义工）——"故事妈妈种子团"故事志工培训研学活动的安排表，就设置了这样一些课程：故事与我的邂逅、准备能量站上讲台、演故事的技巧、故事演练与分享、如何经营班级导读、家庭"心"关系——童书的魔力、童书对亲子关系的影响等。

她们认为，"妈妈说故事"和"故事妈妈"在概念上是有区别的，"妈妈说故事"一般发生在家里，而"故事妈妈"则指在校园或社区的行为。

台湾的学校一般都有"爱心妈妈团"，设有交通组、图书管理组、故事队、晨光伴读组等。这些妈妈都是志工。妈妈们起初是为自己孩子说故事，然后利用晨光时间到孩子班上说，再发展到去别班、别校说故事。讲述的故事主题一般根据学校、班级的计划安排同老师商定，譬如亲情、诚实、生命教育等。1—3年级主要讲绘本，4—6年级就可讲散文、小说、古诗词、时事等。有时一个班可能有几个"妈妈"，以便配合，方便表演。

妈妈们的书源渠道也很广泛，有自己添购的，有书店提供的，有邀请单位准备的，也有从图书馆借阅或彼此交换的。

渐渐地，故事妈妈开始跳出学校走向社区，在文化中心、图书馆、书店以及其他固定场所开展活动，譬如台东故事协会的活动地点就在台东大学儿童文学研究所。台东故事妈妈团的活动非常丰富，她们着力于阅读活动的带领，根据各自的专长设计活动，并有每月一次的例会。在"巡回书香"活动中，故事团组织妈妈们巡回去学校或下乡说故事。借助故事，凝聚了社区意识，创造了社区生命力。

这些妈妈在讲述故事中获得了很大的乐趣和成就感。台南故事团的妈妈告诉我们，讲故事促进了亲子沟通，她们跟孩子话题多了，能够互动了，以前孩子只是把话听到耳里，现在听到心里了。而班级的孩子也非常欢迎她们，甚至有孩子悄悄塞电话号码给"妈妈"，请求经常联系。一位职业是教师的团员说，故事妈妈弥补了学校教师的不足。还有妈妈说，讲故事让自己变得很年轻，她正跟孩子一起成长。有一位妈妈动情地说，光自己的孩子好没用，一定要大家都好，不然就像把一只羊放到了狼群中。当然，讲故事也提高了妈妈们自身的素养，童书中发人深省的生活哲学、想象空间的延伸、带领技巧的长进，都让故事团的妈妈们大有收获。

下面这篇台中师院附小一名学生的习作，或许能够帮助我们从另一个视角了解故事妈妈们的活动与意义。

有趣的读书会
王愉贺

我最喜欢班里的读书会了，每当听到有人提起读书会，我就会回忆起最近才举办的读书会。当时大家脸上那快乐的笑容，我更是至今难以忘怀呢！

还记得，那时候一听到读书会，我还会觉得很讨厌呢！刚开始时，妈妈们问了一些问题，问题都很有趣。因为读书会的书是《第一百面金牌》，是有关厨师的故事，所以后来又使用投影机放了些相关的影像图片，例如厨师煮菜的样子、一些名菜等。

到最后，妈妈们发了几片吐司、火腿、刀子、玉米和番茄酱后，就叫我们自己发挥创意，创作出一道菜来。此外，还要帮这道菜取一个好听的名字。我们这一组把吐司的边切掉之后，便把吐司叠起来，中间则涂上番茄酱和玉米。

做完后，要投票看哪一组做得最好。我们这一组是第三名，每人赢得一包饼干。活动结束，我们就把我们刚才做的三明治吃掉，大家都吃得津津有味，真的很好吃喔！

没想到，读书会可以这样快乐，我还以为会很无聊呢！我看到每个人的脸上都沾满了番茄酱，当然还有满足的笑容。

如今，讲故事已经成为妈妈们的享受和一个不能割舍的情结。有个"妈妈"讲了10年，都上瘾了。如今自己的孩子早已毕业，可她就是放不下讲故事。台东妈妈故事团的理事长是名眼科医生，是团内唯一的男性，擅长表演布偶故事，他现在连给病人治疗前也要先讲个布偶故事。

　　是孩子，是阅读，让这些妈妈走出了小小的家庭，聚成了团队，使得书香的传播更加温暖、更加有力。

2005 年 11 月

"书女"服务员

南方某出版社的两位编辑专程来南京拜访老先生，老先生力邀我共进午餐。就餐酒店地处热闹的商业中心，平时来去路过，能透过长长的落地玻璃窗看到里边的金碧辉煌。

大家的交谈随意而轻松，话题在美食、教育、文化、生活之间不断切换。服务员上来一道有点特别的蔬菜，老先生是个很文气的人，对这道菜的前世今生来了兴趣。编辑室主任介绍，这是产自其老家山东的一种树，再具体的就说不出了。一旁的服务员突然走到桌前，微笑着细致地解说。在我们频频点头之际，她已退至桌子的不远处，安静地微笑着，得体又端庄。

餐桌会议继续。说到当今的阅读现状，几个人不由为当下文学生活的迷失唏嘘感慨。

"你们都是从事文化工作的吧？你们说的我很有同感，一个人不读书，他的生活还有什么味道？"突然，那位服务员又走了过来。我们一齐诧异地抬起头。

她读懂了我们的目光，有点抱歉地说，作为服务员，是不该听客人交谈的。但是，她一开始就发现我们这桌跟其他客人不同，便留意起来。接下来的观察证实了她的直觉。她说，听惯了觥筹交错间的嬉笑打闹，突然听到这样的餐间交流，她的内心为之感动，忍不住也想发表一番自己的观点。

看见我们的友善目光，她更加放松，似乎是带点自豪地说，她其实是标准的文学爱好者，这么多年一直在悄悄地写诗，用英文写，再用中文写，不为发表，只是在几个朋友间传阅，她从中享受到一种人生的富足与快乐。

再接着，她竟然给我们朗诵起了喜欢的诗句，并用英文朗诵起美国的谢尔·希尔弗斯坦的儿童诗，感慨说那真是天才般的灵气与智慧。我告诉她，这位怪才诗人的诗作已经有了中译本，就是《阁楼上的光》，另外，他的图画书《失落的一角》等也是绝顶的杰作。

老先生一直在仔细倾听，这时，他问服务员："你来这儿多长时间了？"

服务员又一次笑了，告诉我们，她是山东人，在这家酒店开业的第二年，也就是 1986 年就过来了，如今孩子已经读初中。我们又是一阵惊叹，看她高挑的身材，优雅的举止，不俗的谈吐，岁月仿佛没在她身上留下痕迹。

她说，很小的时候，爷爷就告诉她，女孩子要成为淑女，首先必须成为"书女"。她牢牢记住了爷爷的话，一路与书为伴，寻找到无尽的快乐。别人消遣玩乐的时候，她却躲在房间阅读写作，过着自己的"书女"生活。

突然，她像下了决心似的说："你们能稍微迟一点走吗？我想把我的那些诗拿来请你们指点一下。"似乎怕我们拒绝似的，她随即又补充了一句，"今天的服务费给你们免了。"继而，她旋风般地跑出大厅，犹如一个激动的小姑娘。

一会儿，她抱着笔记本电脑过来了。我们凑到小小的屏幕前，她一篇篇、一首首地点开，告诉我们，这篇是陪加拿大朋友游览栖霞山有感而作，那首是怀想某位外地友人而为。有随笔，有诗歌；有中文，有英文：都是她生活与感情的结晶。不时地，她会轻轻诵读几句，温和而轻柔。

正午的阳光映照着她明媚的脸庞，那些朴素的诗句，乘着永远的年轻与热情，穿越了四周的喧嚣，驱走了耳边的嘈杂，悄然抵达我们的心房。

此后，再路过这家酒店，我总会情不自禁地多看上几眼。

2010 年 6 月

卷二

在文字里一任天真

童年遇到一条路

　　大概从小学三年级起，爱读书的念头就像沟边的野草，在我的心中疯长。每天每日，我像一头饿昏的困兽，焦渴地寻找着书源。身边可供选择的读物实在有限，于是逮着什么读什么，只要有字就行，哪怕是包装物品的旧报纸。

　　终于有了属于自己的报刊，从此在固定的日子有了期盼，报刊的发放更成了一场精神的仪式。我把那些报刊整整齐齐地码在一个小小的箱子里，小小的心中顿时满是骄傲与自豪。这是自己的书啊，我觉得所有的富翁都不及自己富有。

　　也就是那个时候，梅子涵先生撞进了我的生活。

　　又是一期新刊，一下子就发现了梅先生的小说《走在路上》。记得题目的两旁，分别是一位老太太与一个小学生，都是疾走的姿势。老太太身子前倾，嘴张开着，似乎是无奈的呼喊，或者只是疲累的喘息。我一下来了兴致，迫不及待地一口气读起来。

　　真的是一个平常的故事，平常到几乎每天都会在你我的日子中出现。这天，小远带奶奶去看电影。奶奶到底年纪大了，婆婆妈妈，笨手笨脚，动作真慢，慢极了。奶奶到底老了，什么都不懂，还要张冠李戴。小远好烦。可是，在他很小的时候，奶奶含辛茹苦地拉扯着他，奶奶给小远讲很多很多有意思的事。这些，小远还记得起来吗？

我的嘻嘻哈哈的童年，突然有了一种轻轻的颤动。心里似乎有许多感受，可又什么都说不出。走在路上的，仿佛不是小远，而分明是我自己。这条路，我又该怎么走？

喜欢这样的文字，喜欢这样的故事，于是喜欢上了这个作者。梅先生是那家刊物的重要作者，名字时不时会在目录里出现。从此，每一期新的刊物到来，就有一份期盼藏在心头；每一次不期而遇，眼睛就格外闪亮。

如今，小小的箱子已经不复存在，箱子里那些好看的故事，有的被淡忘了，有的模糊了，有的却至今清晰，叫人回味。我的这条路又该怎么走？年岁渐长，这个问题竟愈益频频地光顾。"人的童年提出了他整个一生的问题，要找到问题的答案却需要等到成年。我带着这个谜走过了30年而没有思考过它一次，今天我知道在我开始出发时，一切都已决定。"（米夏埃尔·兰德曼）我回首张望时，才猛然发现，童年其实已经孕育了今天的自己。是的，开始出发时，一切都已决定。我明白了，那些清晰如昨的故事，那条悠长悠长的路途，一直珍藏在我内心的小小箱子中。

成年后，我又回到了童年，我做了一名小学教师。

我尝试着把那些神奇的故事带到孩子们面前，希望他们的心田富饶、丰茂。我常常想，他们的内心小箱里应该有怎样的存放？他们又该有一条怎样的路途？

儿童生命的积累造就了成人的精神基质，真诚、快乐、优雅、高贵，呼唤着童年的栖息。我开始小心翼翼地把那些经典与优秀的文学作品摆放在孩子们跟前。

那一次，我决定把《走在路上》带入教室时，心中还有着忐忑：一条二十多年前的路，现在的孩子会理解、会喜欢吗？

事实打消了我的顾虑，孩子们被这个故事打动了。"这些事情，小远也许忘了，也许想一想还记得起来。小远，你还记得起来吗？"一遍遍地诵读，一次次地追问，其实都是在问自我。原来，很多孩子都曾经做过小远啊。没有丝毫的说教，做人的种子在文学中悄然播下；也没有丝毫的时间隔膜，说的仿佛就是当下。真正的优秀是超越时间的。孩子们需要的正是这样的恒久，童年需要的正是这样的开始。

走在这条文学之路上，我和孩子们成了同路人。一天，一个孩子拿来了梅先生的《写信》。也是早期的作品，小时候的我却没看过。置身这迟到的约会中，我读出了作品包孕的深意，正如作家在另一篇随笔中所说："写作也是为了外祖母，为了默默地想念，为了那一夜睡得非常非常香。同时，还为了别的很多的感情、很多的故事。"于是，我们也把《写信》放在了教室里讨论。孩子们说得真好：小说写的哪里仅仅是写信啊，关键是我们确实发自肺腑地关心老人、关心他人了吗？一封寄了二十多年的信，今天的孩子收到了，读懂了，今天的成人也收到了，读懂了。真正的优秀是超越年龄的，孩子们需要，成年人也需要。

童年遇到一条路，超越了时间，超越了年龄，就注定有不尽的风景一路守候。

2009 年 2 月

我的语文童年

我曾经不无自豪地告诉朋友，我的语文基础基本是在小学阶段奠定的。

我的家乡是一个有些历史根基的农村集镇，我就读于镇上的中心小学。那是从二十世纪七十年代末走向八十年代初的一段时间。

记得每个新学期，年轻的大哥哥老师都会站在讲台前，在我们数十双小眼睛的注视下，用画报纸从从容容地将课本包好、压平整。我们目不转睛地看着，犹如见证一件艺术品的诞生。回到家，我们也学着老师的样儿，将课本包好。不过，令人有点沮丧的是，到了期末，尽管我们的课本用书皮包了，使用也小小心心的，可总有些皱皱巴巴的。再瞧老师的，他根本就是带点炫耀地拆去包书皮，课本几乎看不出什么磨损。看着他得意而狡黠的笑容，我们既感叹又羡慕。于是，眼巴巴地盼着新学期，盼着拿到新书，暗暗对新书下着一定更加小心呵护的决心。这样的决心一直陪伴着我走到了小学毕业，甚至走到了今天。

三年级的时候，我们开始学写作文。记得通常的模式是：老师让我们看着图，他提问，我们磕磕巴巴地回答，他再将关键的词语板书在黑板上，常常写满大半块黑板，最后，我们只需看着黑板，借助他的板书，凭记忆或自己的理解将中间省略号部分填补完整，一篇作文就算大功告成。记得我每次的作文都能得到一个不错的分数。

　　大概因为喜好阅读，到四年级的时候，我的作文在班里忽然显得有点拔尖的意思了。这时候，语文老师已经换成了一位中年男教师，姓毛。不久，毛老师将班上十几个作文"好手"召集起来，要我们每天写观察日记，他则隔三岔五地批阅。其时，学校还发给我们人手一册小学生魏晔的日记选。后来等我也做了教师，回头了解了一下那段历史，才知道写观察日记正是那个时期特别火爆的一个作文教学经验，魏晔则是当时的一个学生小典型。不知道毛老师是否雄心勃勃地也想培养出个把自己的"魏晔"来。遗憾的是，面对这项没有多少压力的弹性作业，我们起先还有些兴趣，可时间一长，就实在感到无话可写，于是，昨天买了一块橡皮，今天丢了一把尺子地糊弄起来，最后也就不了了之。一直到现在，我都没能养成写日记的习惯。及至今天这个"全民皆博"的时代，我的几个"博客"都是半途而废、虎头蛇尾，想来也是可以理解和谅解的。

　　毛老师很注重作文的讲评。我当然已经记不清他每次都具体讲了些什么，但总也忘不掉的是，每次讲评课，我都屏住呼吸，盼着能在表扬的名单里听到自己的名字；总也忘不掉的是，他常常拿着我的作文本，用那并不标准的普通话朗读我的其实十分幼稚的文字。我则美滋滋地做出一副害羞状迎接着同学们的目光。

　　毛老师还给我们编过两本油印小册子。那时学校条件简陋，好像连铅字打字机都没有，用的都是老式钢板刻字再油印。我们看到毛老师每天忙忙碌碌，在办公室埋头刻蜡纸。一本是优美句子的汇编，分门别类，条理清楚且内容丰富。我们拿着真是爱不释手，每天都要反复阅读几遍。与此同时，毛老师有力的字体在我们眼中也成了最美的书法作品。另一本册子临暑假才印制完成，是优秀作文选。多是翻印的现成作文选上的优秀作文，令我们惊喜的是，后面还印了几篇班上同学的好作文，其中就有我的一篇《我爱春雨》。这本小册子好长一段时间内成了我的珍藏。

与此同时，我们的课外阅读也拉开了帷幕。当时学校组织我们订阅过《少年报》《少年文艺》《儿童文学》等报刊。后来，每个班竟然分到一批图书，让我们很是兴奋了一阵。第一次分发图书，毛老师特意挑了一本，说"给你看本厚的"。我接过一看，是《小乒乓变了》，回想起来大概有半本《新华字典》的厚度。我以前读的多是《三国演义》《岳飞传》之类的书，或者是少儿报刊，独立一本书的儿童文学读物，还是第一次阅读。

五年级，又换了个老师，姓刘，看上去很威严。刘老师批作文非常仔细，我那时最爱读他的眉批、尾批，总能得到不少启发和鼓励。依稀记得有一篇作文，我描写

XIAO PING PANG BIAN LIAO

郭治
科学幻想小说
小·乒乓变了

站在靶场土山顶上的所见所感。他在那段文字下画了很多"波浪"，旁边还写着"诗情画意，令人陶醉"，让我不知天高地厚地陶醉了一把。他还常常给我们朗读他的往届学生的同题作文，语气里透出抑制不住的喜悦。我曾经好长一段时间美美地想：以后，他会不会也把我的作文读给学弟学妹们听呢？接着，刘老师就让我担任班级的图书管理员，保管那个图书小箱的钥匙。我不记得当时有没有利用手中"职权"多看几本书，但那份信任无疑又让我与书亲近了几分。有那么几次，刘老师讲评朗读我的作文时，在某些地方还特地停下来，告诉同学们那是模仿哪篇文章的哪个段落。

刘老师教我们的时候，还曾经面对全区教师开过一节大型公开课，上课地点在大礼堂。那天，礼堂两边和后面坐满了人。据说，有外校老师对我们课的真实性表示怀疑，大意是学生的表现过于好了点云云。看来，我们的书真的没白读！

2009 年 6 月

"我"与一种话语

有时候，意义会在后来读到。

2001年，我写就《让语文课堂成为儿童"梦"的故园》一文，获得当年"教海探航"征文一等奖。当时，我并未意识到这样一篇文章将对自己的教育理解、教育行为产生深远的影响。

7年后的2008年，四川一位诗学与教育的双栖评论者对我的"课堂教学艺术"做"美学解析"，概括的要点之一是"建设学生的内宇宙：与儿童一起追梦和种太阳"。他认为我是在"与孩子一起追'梦'"，并且特意提及"'梦'的故园"一文。心有愧意地剔除溢美之词后，我惊异地从他者的眼睛里发现了一个自己：起于7年前的那个"梦"，正一路表征着我的语文理解。

当年的写作情景仍存轮廓。

最初的动因简单、直接甚而有点功利：已经在"教海探航"征文中获得过二、三等奖，这次如何有所突破？

于是认准一条：要写出真正的自我，写出"我"的语文理解。

反观之前的写作，我发现大多是按照规整的逻辑的思路进行，涉及问题的判断，总是囿于名家的权威观点，费尽心思的，多是对已有结论的演绎，并且经常写得磕磕绊绊，索然得几乎寡味，字里行间难以找到"我"的存在，过后，自己都欠缺再度阅读的热情。

"我"在哪里？

这是一次痛苦的寻找。自萌生这样的意识，才发现自己竟然并不了然自我，心中的"我"面目模糊。迷茫之际，想起老校长张兴华先生送给青年教师的"十字诀"：热爱、学习、实践、思索、总结。于是，我开始了两个维度的寻求：有针对性地阅读相关书籍，以他人的智慧敞亮自己的认识；用心梳理已有的实践，沉淀、提炼富于独创性的行为。

一日，翻阅书籍，突然，"语文教育应该给孩子以梦"这句话跳入眼帘。心中堵塞的淤泥立时疏泄，板滞的思路瞬间洞开。"梦"，多么美好的字眼！是的，我从儿童处读到奇思妙想；我从语文中体验感情人生；我向往简洁内敛的教学气质，追求意蕴广远的教学风骨；我憧憬语文的美好与诗意；我致力于语文生活的建设培育……这些，不正是我的"梦"？我有"梦"，因而我爱语文。如果孩子们也能在语文课堂上获得"梦"，不就真正让语文学习成为他们生命中的快乐之旅了？我兴奋，我的语文理想找到了一个得以聚焦的意象。

不过，我知道，语文教学充斥着太多的随意与个人化的想当然。"梦"是否有这种"想当然"的嫌疑？我需要理论的支撑。

给我信心的是刘晓东先生的《儿童精神哲学》。刘先生认为，梦想是儿童把握世界的一种方式，是形式思维的启蒙者和培育者，梦想把无人性的世界变成人的世界，梦想使儿童进入一个比现实世界更有诗意也更为宏大的世界……

刘先生并非在讲语文，可我分明感到自己站在了一个高处，看到了语文，尤其看到了语文中的儿童。我想，"梦"，既是儿童学习语文的一种方式，更是语文给予儿童的一件礼物。后来，当读到法国哲学家加斯东·巴什拉《梦想的诗学》等一系列著作时，我真庆幸当初的这场相遇。

　　似乎第一次，我在教学文章的写作中燃起了一种冲动。敲打键盘的时候，我的内心洋溢着对语文与儿童的期盼，我抒发着自己对语文的理解，几乎一气呵成。

　　文章写就，仔细回读，我惊异地发现了自己的另一种话语面貌，比较以往的文字，它更真实，更自然。读着读着，自己竟然都有点儿喜欢上了。

　　我明白了，也努力着。从此，真实、自然、清新、素朴，成了我的话语风格追求。这是刻意的，更是自觉的。

　　一次写作，触动了一种思考；一次写作，开启了寻找自我的旅程。沿着"其形必丑"的"始生之物"，2002 年，我提出"诗化语文"的教学主张，并且开始了儿童文学的阅读推广，语文"梦"的行动更为具体与可操作。2008 年，我更为明确地意识到了语言与人的关系问题，于是将"语言与儿童之存在关系"作为"诗化语文"的核心旨归。

　　回望来时路，我才发现，"梦"，已经成为"我"的一种语文话语。

　　正是"教海探航"，催生了这一话语。

2009 年 7 月

在语文与儿童间行走

高尔基说:"爱孩子,这是母鸡也会做的事。"这些年,我一直在思考摸索,并在课堂践行:如何超越单纯的生物学意义,去真正认识儿童、理解儿童、走近儿童。

《小儿垂钓》的开放空间:对学生学习状态的关注

"学生是学习的主体。"这大概是师范教育留给我们印象最深的一句专业话语。不过,从"知道"到"物化",其间的路途有时何其遥远。回想最初几年的教学,尽管也追求教学的启发引导,但整体面貌是封闭的,课堂的行进完全掌控在我的手里,学生即便是美猴王,我也决不允许他们跳出我如来佛的掌心。

新课改的实施,让学生的课堂生活得到了空前关注。我开始审视自己的课堂:学生应该拥有怎样的情绪状态?应该运用怎样的学习方式?

教学古诗《小儿垂钓》一课时,我开始思考,教师能否摆脱传统意义的知识传授,努力为学生营造一个"宽松、民主、探索、合作"

的空间，激活他们自主学习的热情，让他们在主动参与中生动活泼地发展。

首先，我通过"做小老师"的形式激发学生自读自悟的激情。随后，围绕"招手"之意组织起一场激烈的"文坛公案"辩论赛，催发他们的探究欲望。最后布置作业时，针对传统教学过分强调"同一性"，忽视"差异"的现象，让学生或画或唱或编或演，选择各自喜好的方式重现诗歌。

这一课的教学，让我体会到开放的教学环境对儿童学习状态的积极支持作用，而学生的主动学习状态则让我感受到了学生、教师与教材之间互动的意义。（见本书 106 页。）

《鹬蚌相争》的意外事件：对学生语文人格的尊重

教学寓言《鹬蚌相争》时，一个学生质疑："书上写鹬威胁蚌说，'你不松开壳儿，就等着瞧吧。今天不下雨，明天不下雨，没有了水，你就会干死在这河滩上！'鹬的嘴正被蚌夹着，怎么可能说话？"其他同学纷纷赞同。

我肯定了同学的发现，组织他们讨论，并鼓励他们给编辑写信。

新课改以后，学生的课堂生活得到了空前的关注，随之而来的，课堂不时出现"意外"情况，教师的教学计划面临严峻挑战。每每此时，我们常将"意外"扼杀在摇篮里，强行使得偏离的学习活动回归教师预设的框架。

我在处理这一"意外"时，更多考虑的是学生的课堂权利。一方面，我认为学生的个人知识、直接经验、生活世界等"儿童文化"

应该积极参与到学习活动中；另一方面，学生这种敢于挑战权威（教材）的勇气与锐气值得鼓励。这样，语文课堂就成为教师引导学生共同分享、创造教材文本意义的一次探险，成为奠基人格的基地。这种对"人"的真切眷注，才是语文的真正要义。

这是发生在 2003 年时的事。今天看来，从"文章体式的读法"这个角度看，当初的处理方式确实存在可商榷之处，但是，从语文与人的关系的角度考量，那确是我的一次新生。

民间文学的课程建设：对儿童文化启蒙的探索

从 2007 年开始，我陆续开发了一些课，诸如《童年的月亮爬上来》《这里有个颠倒的世界》《谜之谜》《绕绕复绕绕》《摇啊摇》等，将颠倒歌、谜语、绕口令、摇篮曲等民间文学样式带入课堂，受到学生的欢迎。之所以说"开发"，是因为教学内容完全由我自己搜寻、改编、整合而成，是真正意义上的个性化行为。在内心里，我是将其作为一个课程来建设的。

潜心于这方面的探索，绝非标新立异，而是源于我对儿童与语言关系的再认识。

童谣是一种活体记忆，是最质朴、最自然、最原始的声音，是生命开端状态的存在，儿童因为童谣而在语言中获得了一种迥异于现实的生命体认。这是个体原初的精神家园、话语故乡。这样的认识，使得我理直气壮地将其引入课堂。在一次次地追问反思中，我又感受到了童谣"形式即内容"的特点，将童谣的样式特点纳入教学内容，丰富了教学的意义空间。

与此同时，我还适时引入诸如对歌、相声、快板、西河大鼓、戏曲等民间语言艺术形式，甚至引入方言诵读，既增强了情趣性，更让现代疏离田园的孩子嗅到泥土的芳香——这是母语学习的源头。

儿童在这种完全属于童年的语言言说中，建构着对童年世界的体认，获得生命意义的张扬。

我意识到，我的这一探索正从一个角度弥补了当下语文课程的不足，我围绕这一核心不断学习与思考，与学生一起不断书写着自己的课程故事。我真切地感受到，作为一名普通的一线教师，我们完全可以负责任地拥有属于自我的课程。

八年的时间说长也短，我的课堂面貌悄悄地变化着。套用一句广告语——不是课在变，是我对儿童的认识在变。

2010 年 1 月

过一种儿童的文学生活

　　每个儿童都在生活之中。每个儿童都在不同的生活之中。每个儿童的生活都呈现出不同的面貌与品质。这种"不同"，既指个体与个体之间生活状态的差异，也指每个个体自身生活的各个侧面。

　　令人忧虑的是，目前儿童生活的幸福指数实在低得惊人。我没有准确的数据来证明，但这确是众人日日可以感受得到的"现在进行时"。可以说，当下的儿童正"被生活"着。有的围绕着成人意旨的指挥棒，日夜奋战在对虚无明天的追求中；有的陷入不良媒介的诱惑不能自拔，生命在空虚地忙碌。在这种欲望和目的之间，已然没有精神的领地——儿童生活可怜地异化了。

　　理想的儿童生活是怎样的？我以为，那应该是儿童的本色生活。儿童的本色生活自然是丰富多彩的，就好比迷人的多棱镜一般。其中，必定存在一个重要的"面"，那就是儿童的文学生活。这是由儿童自身的特点决定的。

　　人们常说儿童是本能的缪斯。儿童的精神是一种诗性的存在。他们不用概念、判断与推理，而是凭借与生俱来的惊人感受与旺盛想象来把握世界，充盈着美丽的光泽。因而，儿童期就是文学期。

正是在这个意义上，我们认为，文学生活是儿童生活的应有之义。

儿童文学作品的阅读与"创作"是儿童的文学生活的重要维度。

儿童文学是为着儿童、解放儿童的作品，它给儿童带来的是对天真童年的呵护、生命意味的展示。1980年度安徒生奖得主、捷克作家波乎米尔·日哈，谈到八岁时阅读捷克古典作家斯拉德克的诗集给自己的影响时说："斯拉德克的诗教会我什么道理呢？哦，太阳是金黄金黄的。天是大亮的。泉水清澈透明像水晶石。天空白净净，而地上的马也许长着黑亮亮的毛。那狗是什么样的？哦，它从早到晚都活蹦乱跳，谁知道为什么。总之，这世界是美好的，活得很有意思。"文学满足了儿童审美的精神需求，儿童在文学的拥抱下感受到了生命的律动。

儿童是天生的诗人和创造者。马斯洛说："几乎任何一个孩童都能在没有事先计划的情况下即兴创作一支歌、一首诗、一个舞蹈、一幅画或一个剧本、一个游戏。"在儿童的意义上，这便是伟大的创作与创造。在这样的过程中，儿童获得的是极大的满足与自信。

儿童的文学生活，我以为还指超越文学阅读、文学创作行为的一种生活状态和风貌。儿童文学竭力张扬和彰显着儿童的天性、灵性、想象力，它所传达的追求自由、走向自然、崇尚游戏、享受审美的理念，实在应该是儿童生活的精髓。这样，童年，才真正成了人之心灵故乡。

儿童的文学生活仅是针对"儿童"而言？不，这儿的"儿童"指的是一切葆有赤子之心的人群，当然包括成人在内。并且，作为儿童的重要他人的教师与家长，理应义无反顾地主动体验这一生活。《爱丽丝漫游奇境记》出版后，孩子喜欢，很多成年人也喜欢。《柳林风声》出版后，作者格雷厄姆竟收到当时的美国总统老罗斯福的信，总统告诉他，自己兴致勃勃地读了三遍。一个优秀的成人，在心灵的某个角落，必然住着一个儿童。也只有这样的成人，才会真正理解儿童，成为儿童之友。

身处此岸的大小儿童，将乘着儿童的文学生活之舟，悄然抵达心灵的彼岸。

2010 年 4 月

呼唤儿童的"一百种语言"

同事小朱大学刚毕业，教美术。每次课毕，总见他满手粉尘，一脸喜悦。一次，偶然路过其上课的教室，抬眼望去，就见一大块黑板上画满了画儿，看用笔着色，肯定是小朱所为。得空闲聊，方知其每课都以黑板做纸，尽情挥作。

范画欣赏，抑或技巧讲解？

小朱读懂了我的疑问，笑着解释，他上课从不范画，亦不出示所谓范作，那样只会禁锢孩子原本活跃的思维。儿童的美术教学不是为了造就临摹高手，而是唤醒他们对生活、对自然的审美感受，进而运用线条、色彩、造型等方式予以表现。课堂上，围绕教学主题，他在动用各种手段激活孩子的内心感受后，便当场以各种不同画作从多个角度进行呈现，帮助孩子真切地体察到所谓个性、独特。小朱边说边让我看其课毕所拍的大量黑板画。譬如"秋天来了"主题，根据孩子的课堂回应，他即兴所画的既有龙猫过秋的童话之风，亦有落叶缤纷的诗意之味，还有枯木肃立的沧桑之感。看着这些黑板画，我想起古人所说："自古逢秋悲寂寥，我言秋日胜春朝。"小朱的这些画儿，不正传达了不同个体心中的秋景秋思吗？小朱说，他是因为看到孩子们习惯于照着画，全班数十人所画大同小异，才想出这一招数。几次尝试，果见童心的海阔天空，于是，坚持了下来。

听到这儿，我很是感慨，不由想起意大利瑞吉欧幼儿教育创始人罗里斯·马拉古齐的名诗《儿童的一百种语言》：

孩子，是由一百种组成的。

孩子有一百种语言，一百双手，一百个想法，

一百种思考、游戏、说话的方式。

一百种，总是一百种倾听、惊奇、爱的方式。

一百种歌唱与了解的喜悦。

一百种世界，等着孩子们去发掘；

一百种世界，等着孩子们去创造；

一百种世界，等着孩子们去梦想。

……

马拉古齐说得多好，孩子的心中住着一个多彩的世界，他们对这个世界的一切有着与生俱来的好奇、惊讶和无穷的快乐，他们是天生的幻想家和探索者。就语文学习而言，语言于他们就是玩具，在各种变幻莫测的组合中，遇到别有情趣的故事，于是，他们跃跃欲试，自由组合，自由尝试，自由创造。在语文的视野里，儿童的名字叫仓颉。

马拉古齐接着说："孩子有一百种语言，（还多了一百种的百倍再百倍）/但是他们偷走了九十九种。"多么沮丧，多么懊恼！曾几何时，语文已经"发展"到无比精确、标准的地步，追求唯一的确

定性，考卷中的阅读理解评判更有所谓的"得分点"，缺一个"点"扣几分，学生所需做的，就是对号入座、中规中矩。前辈教师于漪女士多年前曾痛心于"'标准化试题'把语文教学引入了'死胡同'"，有人认为其所言不够全面、辩证，撰文与之商榷。其实，于老师是担忧这种现象背后的课程理念和教学观念。当语文被"标准"，学习者被"标准"，课堂成了齐唱"同一首歌"，教学成了成人意志的灌输，还有何创造和想象的快乐？

感谢小朱老师那些不一样的画作，让我格外想念不一样的语文。

《秋天来了》朱泽民／绘

2013 年 11 月

牵着童话的手

"在海的远处，水是那么蓝，像最美丽的矢车菊花瓣，同时又是那么清，像最明亮的玻璃。然而它很深很深，深得任何锚链都达不到底。要想从海底一直达到水面，必须有许多许多教堂尖塔一个接着一个地联起来才成。海底的人就住在这下面。"

这是安徒生的童话名作《海的女儿》中的文字。我相信，无以计数的人被她的朴素、优美、感伤深深打动，那种触及灵魂的震颤随着人们年龄的增长，愈益刻骨铭心。1913 年 8 月 23 日，"小美人鱼"铜像被竖立在哥本哈根港口，她含着羞涩，带着忧伤，静静地坐在那儿。从此，每年的这一天都要举行庆祝小美人鱼生日的活动。世界各地的大人孩子也把目睹她的芳容当作一种朝圣。她已成为一种象征，不仅象征着哥本哈根，象征着丹麦，更象征着童话，象征着一种精神。丹麦人以拥有"童话之父"而自豪；童话，也让这个国度多了一份神奇与浪漫。

什么是童话？

日本学者上笙一郎说："所谓童话，是指将现实生活逻辑中绝对不可能有的事情，依照'幻想逻辑'，用散文形式写成的故事。"

我国学者吴其南认为，童话是"一个非生活本身形式的世界"。它"以非生活本身形式塑造艺术形象，以非生活本身形式呈现故事中的情况、境况或事态，以非生活本身形式的情况、境况或事态创造了一个艺术世界"。

童话是永恒童心孕育的花朵。童话世界就是童心世界，童话精神就是儿童精神。儿童"年纪愈小，他的世界愈大"，"他见了天上的月亮，会认真地要求父母给他捉下来；见了已死的小鸟，会认真地喊它活转来；两把芭蕉扇可以认真地变成他的脚踏车"（丰子恺）。儿童与生俱来的好奇心、想象力赋予万物以灵魂，他们快乐地、真实地想象着。他们乐不可支地在"大人国""小人国""假话国"漫游，用一支神笔实现心愿，在背上长出螺旋桨，一按开关就飞起来……前几天，一个朋友告诉我，她读二年级的女儿说："妈妈，你快看，我的口袋开花啦。"朋友仔细观察才发现，是手套的四个"手指"露在口袋外，就像花瓣一般。童话正是表现并且满足着儿童的这一天性。因此，严文井先生说："童话是由孩子们的需要而产生的，最初的创造者是孩子。"可见，童话就住在我们心里。即便我们已经长大，它也能唤醒我们精神的自由和童心的驰骋。

童话是人类幻想精神的家园。童话的诞生真是一个了不起的奇迹，从此，我们小小的心中竟然容得下蓝天碧海，飞鸟游鱼也来向我们娓娓诉说。自安徒生开始，童话由民间口述进入作家的自觉创作阶段，从孩子自发式的天性幻想走向审美的文学幻想，这是一次从原生态向艺术审美的飞跃。不论哪个阶段，幻想都是童话的灵魂，也是童话的翼翅。千里靴、聚宝盆、智慧花、飞行毯、风火轮、顺风耳，精灵、妖怪、魔法，拟人、变形、夸张，无不彰显着人类的幻想精神。在这种幻想中，我们突破了自身的局限，获得一种想象性的超越、胜利、自由、释放、欢愉。

儿童向成人的成长过程也正是幻想力逐渐失落的过程，童话则有效地挣脱着现实的种种制约，呵护、珍视、巩固着儿童的旺盛想象，使之获得追逐纯真和梦想的快乐，获得发现、创造的资源与动力。

童话是源自心灵深处的歌唱。童话固然是一种文体，童话更是一种生活方式，一种价值追求，一种精神选择。拉住童话的手，就是拉住了真诚、善良与诗意，就是让自己的心灵飞翔，飞向更高更远的地方。

英国女王伊丽莎白80岁生日庆典时，邀请了两千名哈利·波特的小粉丝到白金汉宫做客。庆典开始，女王故作伤心地说："我最心爱的手袋丢失在白金汉宫的大花园里了，今天请你们帮我找回来吧！"孩子们信以为真，焦急地开始行动，终于在花园里找到了女王的手袋。在寻找的过程中，孩子们还发现了很多童话书和卡通玩具。女王完全可以把那些玩具、书籍当作礼物送给孩子们，但她采取了现在这样的方式。这是童话的方式，是"寻宝"的方式，是付出与获得相融合的方式。80岁的女王有一颗了解孩子的心，更加准确地说，她有一颗不老童心。她和孩子们在这场真实的游戏中一同获得了快乐。

美丽童话的最后总是"从此，他们过上了幸福的生活"，人们总是在童话里构筑一个温情美满的诗意世界，这源自人们内心对美好生活的向往和对现实世界的修复。童话，是灵魂最深处的歌唱。童话的真谛，是创造一个更加美好的世界！

让我们牵着童话的手，来到哥本哈根的小美人鱼身旁，和她一起远望河面上船来船往、日落日出，一起憧憬未来，祝福人生……

2011 年 12 月

"童话嘴巴"与"故事讲桌"

在《走在光荣的荆棘路上》一文中，浙江师范大学老校长蒋风先生这样回忆小学三年级时的班主任斯紫辉："她用整整一个学期给我们讲述了亚米契斯的《爱的教育》，后来又断断续续地讲了《佛罗伦萨小抄写员》《爸爸的看护者》《小石匠》等，裘里亚、马尔柯、西西洛等一个个鲜明生动的人物形象在我年幼的心里深深地扎下了根，让我第一次在美妙的童话世界里找到了欢乐，第一次体味到了孩子的乐趣。"可见，儿童的阅读，需要教师的推动与引导，教师对这一问题的认识与引导决定着孩子群的基本阅读面貌。美国人类学家斯皮罗指出："文化上的获得是始于童年期，而孩子们是从那些作为他们的'重要他人'那儿获得文化的，这些'重要他人'通常是父母或父母代理人。"教师自然是其中的"重要他人"。提高教师的认同感与阅读修养无疑是阅读推广的第一要义。

我们应该在心里铭刻这样的信念：让阅读成为儿童的一种生活方式，让文学成为童年之义的恒久可能。

我们是主要运用母语为孩子守护童年的人。母语本是美好的、可亲的，但一不小心，母语的教育又可能异化、变质。我们觉察到了肩头的沉重。

我们需要练就"童话嘴巴"。

"童话嘴巴"是语言的趣味，是讲述与聆听的快乐，是沟通与引导的中介，是教师的表达满足，有时甚至就是接受的主体对象。

"童话嘴巴"是童话（指广义之童话）阅读内化后的外化。丰富而有趣的童话故事成为教师的阅读必备，成为教师引导的不竭资源，是非技巧之技巧。

"童话嘴巴"使得教师与孩子成为可亲的同行人。"童话"是孩子喜欢的语言，教师练就了"童话嘴巴"就是掌握了走向儿童心灵的一串密码，彼此找到了共同的话语，成为乐意分享的共同体，成人文化与儿童文化在此获得了融合。

就这样，纯真可爱的爱丽丝仿佛不是漫游在奇境里，而是"掉啊掉啊"，掉在了你的嘴巴里；匹诺曹的鼻子变得到底有多长，这也全在你的描述里……每天，你的脚步成了孩子们的期盼，你的声音成了他们耳中的天籁，你成了他们的心中想念——教师与孩子在审美领域获得了生命融通。

我们还需要打造"故事讲桌"。

讲桌是教室的特殊领域，是每个孩子每天都会无数次观望的地方。作为教室里的重要存在，我们应该赋予其崭新的形象与功能。

"故事讲桌"是一种"反讲桌"，它不是作业本、练习册、考试卷的集结地，也不是训令、强迫、灌输、说教的发祥处，更不是教师与孩子的隔绝体。

"故事讲桌"总在诞生着美妙的童话。每天都会有优秀的书籍、动人的故事安静地躺在上面，每每与走过的孩子不经意间相遇，于是成就一个个"无法预约的精彩"。

"故事讲桌"总在散发着文学的气息。讲桌前的人把自己对文学的热爱、对文学的理解源源不断地与孩子们分享，讲桌下的一双双眼睛格外明亮。

"故事讲桌"是一种潜在影响，日常而细微的濡染，让孩子在无意识中结缘文学，投身阅读。

作家田地回忆童年阅读经历时说："一个偶然的机会，我见到了叶圣陶先生的童话《稻草人》，竟然感动得哭了起来……我变得喜欢阅读了。""故事讲桌"也是这样的"偶然"啊，说不定哪一天，长袜子皮皮和小淘气尼古拉就结伴来到了孩子们中间，或者跟随着彼得·潘去游历了一回永无岛。就在这期间，一些种子在我们不曾察觉之时得到了播撒。

因为"童话嘴巴"，因为"故事讲桌"，孩子们会看见两百岁的安徒生的忧伤目光，会听见慈爱的林格伦奶奶的快乐笑声，许多恒远的美好存在会跨越时间、跨越空间前来与我们相会。

其实，"童话嘴巴"也好，"故事讲桌"也罢，实质乃是我们对儿童的深刻理解、真切关怀与赤诚热爱。诚如诗人所言："为什么我的眼里常含泪水，因为我对这土地爱得深沉。"

2008 年 1 月

朝向真实内心的"虚构"

虚构等于编造、说假话吗？

虚构意味着无须观察生活、体验生活吗？

在"小学生习作是否可以虚构"的问题背后，实质隐含着这样的担忧与疑虑。

我以为，讨论、阐述任何一种观点，首先应该回到事物的源头，回到事物本身。因此，我想借作家茹志鹃女士的话先对"虚构"做一番厘清：

什么叫"虚构"？

"假的事情，编造的故事，对不对呢？"

也对，也不对。说它对，因为虚构中的事情确实没有发生过。说它不对，因为这事情是可以发生的。

——茹志鹃《真情实感与虚构》

"没有发生而可以发生"，茹志鹃的描述式定义也是人们通常对虚构的理解。写作是学生精神生活的组成，是个人的"史记"书写，作文要"求诚"，作文应是人格的一种历练。可以说，无论成人创作还是学生习作，"真"都应是其内核。"没有发生过而又是可以发生的"，其实是一种超越原始意义的艺术的真实，或者说，虚构是为了追求更高意义的真实。看似"假"的事件包孕着合情的"真"的元素，我想，这应该是"虚构"的一个重要特征。从这个特征出发，我们可以很自然地推断，因为虚构的介入，文字的表现疆域得到了拓展，精神的驰骋变得自由潇洒，身处方寸之地，心之舞台却不可丈量。

不过，茹志鹃似乎只描述了虚构的一种形态，对于那些生活中永远不可能发生的"虚构"，其间还有"真"的存在吗？譬如有个小学生幻想自己有了一支神笔，从此每天的作业变得轻松快捷。这时，我们其实已经不该将评判的标准定位在"生活的可能"上，而要考量习作者的动机出发与精神所寓。原来，小作者的"虚构"是针对每天繁重的作业生发的，拥有一支神笔是他内心深处的呼唤，是一种真实情绪的宣泄。其内在动机既是对现实的非自觉批判，又是主体精神的释放，因而也是"真"的。

回到事物本身，这是思考的原点。为了讨论的推进，我们还需把握研究的语境。

这个问题中包含了两个关键词："小学生"和"习作"。其实这也是我们进一步思考所采取的两个视角，我们需要从小学儿童的特点和习作自身的规律这两个纵横坐标考察。

儿童喜好幻想，天马行空的大脑是他们最大的自豪。"孩子是可以敬服的，他常常想到星月以上的境界，想到地面下的情形，想到花卉的用处，想到昆虫的语言，他想飞上天空，他想潜入蚁穴。"（鲁迅）虚构正是顺应了儿童的这一心理特征，好比风儿帮助孩子扇起想象的翼翅，让他们一吐为快，在"我要书写"的自我需求下实现习作水平的提升，达成"从动机走向目的"。这方面，特级教师滕昭蓉的"童话作文"实验为我们提供了宝贵的经验。

那么，虚构还需要观察与体验吗？

"虚构"还需一个条件，那就是在熟悉生活的基础上。没有这个条件，"虚构"就会变成假的，编造的。有了这个条件，"虚构"也就变成真的，写起来也就会有真情实感。

——茹志鹃《真情实感与虚构》

小学生的习作启蒙是颇为讲究观察的，而虚构则总是跟想象联姻。想象是大脑改造旧表象、创造新形象的过程，它的诞生是有所倚赖的。已有表象越丰富，想象力就越饱满。学生对于"神笔"的幻想就是建筑在对繁复作业的切身感受和对《神笔马良》童话阅读的双重基础之上的。童话写作中"物性与人性统一"的规律即是对写作者细致观察的要求，"要把周围现实的画面印入儿童的有意识里去"（苏霍姆林斯基语）。因此，虚构需要真实生活体验的支撑。

最后补充一点，赞成虚构并非唯虚构，我们不要用二元对立的思维方式评判思考。

2006 年 9 月

在文字里一任天真

——写给班级的学生

日复一日！原以为属于我们的日子很多很多，当校园里老槐树花开花谢，外面的空气一天天变得热烘烘时，才惊觉，属于我们的三年级即将过去。

一切仿若昨天。你们从分部蹦蹦跳跳地走来，带着惊喜，怀着憧憬，还夹杂着几丝顽皮，踏进了琅小三（5）班教室。于是，我们相遇了。曾经的日子，曾经的故事，不忍咀嚼它的模糊与流逝。托腮凝视，有什么能够细腻绵密地刻录下那些走过的脚印，定格那些飘零的欢乐忧思？

唯有文字！

幸运的是，我的设想得到了你们的热烈响应。谢谢你们，感谢你们的父母！你们在极短的时间内，从这一年的文字中挑出了自己的"代表作"。我足以想象，柔和的灯光下，你们头倚着头，翻看着，评说着，回味着……欢笑、懊恼、满足、忧伤、激奋，溢满心头。你们在文字里又重温了一遍过去一年的生活。

收到你们的文字，一篇篇翻阅，一句句品析，我的记忆也在复活。一个个场景、一件件往事，你们的身影历历在目。

开学第一天，我们诵读金子美铃的《全世界都在对我微笑》，笑意盈盈。于是，你们也以此为题，表达自己的心声。这欣然成了我们一年的心理暗示。

一个人的成长，既有身体的，更有精神的。精神的壮大离不开阅读。还记得那些关于阅读的点点滴滴吗？

早安，小松鼠

整个早晨

我一直看着你

怎样把每一寸

玲珑的晨光

变作七彩的跳跃

嚼成松子的果香

——［新加坡］刘可式《早安，小松鼠》

小诗中，那只早起的小松鼠在美好晨光中开始了快乐的一天。我们约定，我们也要珍惜晨光，用"诵读唤醒太阳"。于是，"早安，小松鼠""早安，大松鼠"成了每天清晨我们第一次见面时心照不宣的集体问候。

不会忘记，午餐时，随着饭菜一同出现的，有诗，有故事，亦有歌曲，那首《说唐诗》几乎人人都会唱。于是，我们的午餐总有一份特别的滋味。

热心的爸爸妈妈们，为班级图书角买来那么多好书，还特意刻制了"让我飞翔"的藏书印章。这会儿，那些书就在你们身旁、枕边吧？

还有我们共同经历的那些活动：欢迎日本宾客、过槐花节、年级阅读月……记得第一学期秋游，我们漫步在玄武湖边，情动辞发，同学们不约而同地背诵起课文《西湖》的语句。随后，竟有几位诗兴大发，即兴吟诵自编的小诗。最最让我惊讶的是，又有几位同学大声提议，要求回去就写作文。这种对生活的热爱、热情，是最值得珍视的。

一定得说说班主任谭娟老师，希望你们小小的心记住这个名字。一年来，她为同学们的成长动足了脑筋，花足了心血。本学期临近期末，班级同学大面积水痘感染，最多时 19 名同学在家休养。当时，谭老师快做妈妈了，如果染病无疑会很麻烦，同事们都劝她请假休息。谭老师微笑中透着坚定："孩子们离期终考试只有一周时间，我不能走。"她挺着大肚子，每天准时出现在教室，无怨无悔地扮演着老师、妈妈和医生的角色，一旦发现学生有被感染的征兆，果断采取措施。可就在期终考试结束，你们返校的那天，谭老师也被感染了。那天我举着手机，你们含着热泪齐声高喊"谢谢谭老师"时，电话的那头，她哽咽了。我想，你们的健康、体贴和问候是给她的最好良药。

要说的话很多，眼前的所思所想远比笔下的字字句句多。编辑你们文字的过程花了我很多时间，即便腰酸背痛，头晕眼花，但心中充盈着愉悦和感动。

亲爱的孩子，将来你们会长大，你们会懂得什么叫"初心"。明代思想家李贽曾感言：童心"绝假纯真，最初一念之本心也"。意思是说人之初生、孩童时候的本心，完全没有掺杂虚假，全都是真实的，这便是人们常说的"赤子之心"。我相信，许多年后，这本属于我们的《初心集》必然会成为彼此共同的回望。

岁月如风，许多东西都将随风而逝。然而，情感的力量，智慧的思想，美好的印记总能成就永恒。希望你们无论何时何地，初心不失，笔尖永远流淌真诚，抒写人世间的真善美。

2011 年 6 月

缪斯的歌声为何喑哑

——追问小学生阅读缺什么

前些日子参加一个阅读沙龙，有人表示，当下的小学生阅读现状真是令人欣喜。表现之一：2010年中国作家富豪榜中，竟然有两位童书作家名列其中。表现之二：看看几个大城市的大型书店销售排行榜，少儿图书频频露面。

我完全明白了，那几位朋友是被漂浮在表面的泡沫迷惑了。泡沫的五彩并非本质，同样，了解当下小学生阅读的面貌，也需要我们透过那些表面的浮华，去深入观察他们的阅读内容、阅读取向、阅读方式，等等。作为小学生阅读的一个鼓动者、陪伴者，我的内心其实常常荡漾着某种忧思。

被冷落的想象力

几年前教一年级的时候，我曾经写过一篇教学手记《想象力遗失启事》。一次教学拼音，我引导学生观察声母"p"的表音表形图：

一只小猴子推着小车上山坡。我希望并且努力引导学生去读出画面的意思。我设想，他们看到了一个有趣的故事，看到了小猴的辛苦，甚至听到了小猴呼哧呼哧的喘气声。小猴，推车上山太累了，为你加油！小猴，你真是好样的，上了山歇会儿吧！小猴，我有餐巾纸，给你擦擦汗。我甚至憧憬他们还会猜测：小猴为什么要推车上山？是去看姥姥吗？也许，这些有点偏离了课程的目标，但我希望看到一种飞扬的童年状态。

现实的课堂，却是几个学生无比理性地打断了我："老师，这幅图就是要告诉我们'p'。"

同样，去年圣诞节前夕，我给小学中年级的学生推荐了几部关于圣诞老人的图画书和电影，不料又有学生说："我才不看这些书呢，世界上哪有什么圣诞老人，这些故事都是假的。"

面对这种过早的知识至上，我感到一种深深的遗憾与忧虑。

儿童原本是文学的同义语，中低年级学生的思维方式主要是童话思维，他们的心中本能地跃动着缪斯的歌声。他们会关心花草的心情，会把小动物当作自己的玩伴，他们的脑海喜欢天马行空地穿行。优秀的童话正是用文字以及画面为他们营造了一个光怪陆离的世界：地板下面会藏着小人，有一个世界颠倒了过来，有个孩子竟然永远长不大……

读着这样的作品，内心将受到一种强大的冲击与震动，孩子们将获得极大的满足，甚至由此引发另一番想象。那是多么快乐的童年表情！然而，如今我们看到的，却是不少孩子的过于理智与冷静，过早的成熟与洞悉。这不也是人们所惊呼的"童年的消逝"吗？

造成这样的状况，我以为，成年人有着不可推卸的责任，那就是对孩子阅读的功利追求。

在考试、升学与分数的重压之下，成人正将孩子的阅读方向拨往速效与即时，孩子不多的阅读时间被分配给了阅读测试题、作文选，重在濡染与渗透的文学作品只能退后再退后。当我们被这些功利的色彩迷住双眼时，受到伤害的是孩子们。他们被抽离了本该属于他们的世界，本该五彩斑斓的想象逐渐风干。他们的分数暂时提高了，可是，他们的目光变得暗淡了，他们的心灵变得冷落了。学者们则指出，这种想象力的过早枯萎，将影响到个体多方面素养的健康发展。

寻找"男孩子"

一次，参加一个教研活动，有位老师说，我们只要留意一下就会发现，班级里对阅读不感兴趣的学生大多是男孩。她的话引起了大家的共鸣。确实，在与学生家长的交流中，我也发现，凡是反映孩子在家无法安心阅读的，大多是男生的家长。

那么，是男孩天生不爱阅读吗？

一次，我试着把一本《假话国历险记》借给一个"不爱读书"的男孩，并且关照孩子的妈妈，回家后要先试着读一个章节给他听。第二天一早，孩子妈妈就兴冲冲地给我打来了电话，说真是神奇，她读了一章后，孩子竟然破天荒地从她手里抢过书，自己翻阅起来，甚至不肯睡觉。于是，我在教室里也暗中观察起来，发现那个男孩安静地坐在座位上，正津津有味地看得起劲儿，有几次忍不住笑出了声。

课间，我找到他，随意聊了起来，问他为什么那么喜欢这本书。他说，那本书写得特别有趣，还有点儿刺激，不像其他书，总是"写景啊"什么的，感觉是女孩子看的。

他的话让我心里微微一动。不是吗？我们一直在强调孩子的阅读，可是，我们很少关注男孩与女孩之间阅读的差异。回想我们所见的那些作品，优美、抒情、唯美、诗性的往往获得我们的青睐，兼之儿童文学作家似乎又以女性居多，于是，儿童文学作品整体的风貌呈现阴柔化的倾向。

一方面，真正的好作品是不分性别的，譬如获得纽伯瑞儿童文学奖银奖的美国小说《一百条裙子》，尽管描写的是女孩们的故事，其传达的人性光辉却超越了性别，越是优秀的作品越是如此。另一方面，我们又必须承认，男孩与女孩在阅读上确实存在着差异，其中既有阅读内容的偏好，也有阅读方式的不同。从阅读内容的角度审视，当下的作品中，我们推荐的适合男孩阅读的作品确实偏少了一些。作家杨鹏也认为，"对以科幻、侦探、冒险为代表的比较阳刚的儿童文学作品的阅读，却一直很弱"。

在纪念安徒生200周年诞辰时，（上海）少年儿童出版社曾经推出《安徒生童话》的不同性别选本。"她读本"中收录有《小人鱼》《野天鹅》《小伊达的花》《祖母》等，作品风格委婉、细腻、浪漫；"他读本"中有《坚定的锡兵》《傻汉斯》《老路灯》等，幽默、深沉、睿智。我以为，这是关注孩子性别阅读的一个大胆尝试。英国儿童畅销书作家康恩·伊古尔登写的《男孩的冒险书》更是引起了轰动。

于是，我开始向男孩子推荐介绍诸如黑鹤、金曾豪的动物小说，任溶溶的幽默故事，林汉达的历史故事，以及优秀的科幻作品等；

向女孩推荐冰波、王一梅的童话，金波的诗歌，程玮的小说等，都获得了很好的效果。同时，鼓励男孩女孩之间互荐好作品，实现资源的共享。

凋零的田间野花

因为朋友的介绍，我与美国某家孔子学院的 L 女士相识。L 女士一直致力于华裔子弟的华文学习。要让英文环境中成长的孩子学习汉语，难度自然比较大。后来，她发现用图画书带动教学是个好办法，于是，她约请我推荐国内的图画书，并且特别强调，要原创的本土作品，不要翻译作品。我马上明白了她的用心。这不仅是一个语言的问题，语言的背后包蕴着民族的感情，传递着民族的思维方式，潜藏着民族文化的密码，这些都是民族成员彼此连接的纽带。

于此，我想到了我们的祖辈口口相传的民间文学，那些带着体温与呼吸的作品，曾经温暖过多少童年的黄昏与夜晚，曾经陪伴过多少孩子的嬉戏玩乐，成为他们心头挥之不去的恒久记忆。鲁迅先生在《阿长与〈山海经〉》一文中，就曾深情回忆《山海经》中的神话故事给自己带来的阅读惊喜。当阿长给他带来《山海经》时，他"似乎遇着了一个霹雳，全体都震悚起来"。他说："那是我最为心爱的宝书，看起来，确是人面的兽；九头的蛇；一脚的牛；袋子似的帝江；没有头而'以乳为目，以脐为口'，还要'执干戚而舞'的刑天。"因为嫦娥与吴刚，中国人眼中的月亮肯定不同于外国人之所见；因为牛郎与织女，我们眼中的夜空更加神秘；说到大海，我们必然想起水晶宫、海龙王。阿里山、日月潭因为大尖哥、水社姐的传说更为动人，春节也因为"年"的传说增加了热闹的气氛，刑天舞干戚的神话则形成了中国童话最早的审美模式——变形再生……这些，都已经弥漫在我们的肌体之中，成为中国人的血脉、气质与标识。

可见，作为非物质文化遗产的民间文学作品，是民族的文化之根，包含着丰富的生活经验、民众情感和历史价值。民间文学作品与儿童其实有着密切的关联。歌戏一体的童谣自然是孩子们喜欢的形式。作为先民歌唱的神话，其泛灵论的思维方式不也正是孩童的吗？传说与故事自然也是孩子的最爱。孩子们乐不可支地阅读着，民族的文化也就悄然地得到了渗透。民间文学就是这样一朵盛开在田间山头的野花，朴素、芬芳而持久。

遗憾的是，翻翻孩子的书包，看看当下不少给孩子的阅读书单，我们却难觅民间文学的影踪。书店里，那些古老的文字也总是孤独地站在角落，鲜有人问津。好在还有富于责任意识和民族情怀的作家，黄蓓佳的《中国童话》、薛涛的《新山海经系列》、周翔和熊亮的一些图画书，都利用了传统民间文学的元素，在改写与重述方面做出了可贵的探索。这几年，我本人也开始将民间文学阅读推荐纳入自己的工作重心，将各种体裁、题材的民间文学作品介绍给孩子，这获得了他们的热烈响应。田间野花在现代化的热潮中也能散发沁人的清香。

2011 年 4 月

在吟诵中与先人精神会晤

——絮语吟诵进课堂

对于吟诵，很长一段时间，我把它当作一道遥不可及的历史风景，虽古朴悠远却朦朦胧胧。与徐健顺先生的结识，让我得以兴味盎然地走近吟诵，并开始思考吟诵进入课堂的可行性。

儿童穿起了长衫马褂：吟诵是方法还是目标

有媒体报道，某些机构在组织、指导儿童学习吟诵时，让他们统一穿上长衫马褂。我以为，如果是表演用，自然无可厚非，不过，作为一种日常的自然状态下的学习活动，就值得斟酌了。这一行为其实折射出组织者的价值取向，即课堂里的吟诵到底是方法还是目标？

首先必须承认，吟诵是我国重要的非物质文化遗产，是重要的传统文化，将之引入课堂具有重要的意义。但是在具体的价值定位上，应该区分不同的受众人群。对于相当一部分儿童而言，我以为将目标定位在了解、欣赏这一传统文化现象层面为宜，有时还可借助吟诵中的平仄规律加深对诗词内涵的领悟。在学习过程中，如果有儿童表现出超越一般的兴趣，便可将这部分儿童组织成诗社等兴趣团体，集中起来做进一步的提升学习。无论是大众的了解欣赏，还是小众的精修研学，都并非简单的复古行为，而是一种文化的传承与精神的冶炼。

歌手杨一获得的掌声真热烈：吟诵是否需要"与时俱进"

"中华吟诵周"期间举行了数场演出活动，其中杨一先生的吟唱获得了年轻观众的热烈响应，他盛情难却之下又加吟一曲。相比之下，少数前辈的吟诵虽则原味十足，但在年轻人听来终有隔膜之感。杨一先生是民谣歌手，他的吟诵融入了音乐元素，在尊重吟诵基本规律的前提下，在旋律、节奏等方面进行了一定程度的再加工，兼之富于磁性的音色、优秀的音准以及激情的表演，自然获得观众青睐。由此想到，现在的孩子处于泛媒体包围之中，要他们在一段时间内潜下心来专注学习节奏缓慢、旋律性和节奏感都不很明显的吟诵，难度不小。老歌唱家戴学忱女士也曾就这个问题坦率与我交流，她认为吟诵的承传需要考虑儿童的年龄特点，需要进行适度的音乐化处理。我们听广州陈琴老师带领学生学习的吟诵调，里面糅进了相当的流行音乐元素，既有传统韵味，又不失时尚风情，符合当下儿童的审美趣味。自然，对于学习过程中出现的一部分吟诵的特别爱好者，则可以让他们学习原汁原味的吟诵调。

叶嘉莹先生的"遗憾"：方言与普通话的吟诵

此次中华吟诵周活动演出，有一个创意我十分感兴趣，即安排了多组不同方言吟诵同一诗作，使我们得以饱享不同地域的语言文化风貌。而在论坛发言中，更有多位前辈学者痛陈当下方言趋于消失的危险，力推方言吟诵。

数年前，我也开始钟情于方言的教学问题，在一些童谣诵读课上尝试着让学生们用普通话和方言分别诵读，效果非常好。令人遗憾的是，我外出上课的过程中，不时遭遇已经不能操一口纯正方言的孩子。我觉得，个体遗失了方言，等于失去了母体文化的一张身份证。

就吟诵而言，方言具有不可替代的意义。方言中大量保留了古音，比如闽方言、粤方言、吴方言、赣方言、客家方言，吟唱起来，平仄分明，韵味很足。叶嘉莹先生曾经似乎是带点儿遗憾地说："因为我是在北京出生的人，我只会说普通话，我不能读出正确的入声字来。但是，为了古诗的声调听起来能够谐和，合乎古人的声调，我尽量把入声字都读成第四声仄声字。"

我认为，我们在倡导普通话吟诵的同时，应该给方言吟诵留一席之地。

2009 年 11 月

卷三

语文课上的咩咩声

一年级二三事

从没想过自己会教一年级。

但是，任何的可能性都会在前方等待。

2007 年，随着暑热的到来与渐远，我也掀开了教学生涯的新一页。

一、琐碎小事的大讨论

上午，五个班级的语文教师到齐，自发开始第一次教研活动。

内容：入学后的常规教育。

坐姿、站姿、写字、举手、静息……都是些鸡毛蒜皮的小事。然而，一年级无小事，这些正是我们要研究的大事。

刚进学校就这么从头管到脚，是否符合学生的天性？是否遏制学生的兴趣？教育的自由民主在哪儿？

不，这是学生应该具备的学习习惯，良好的习惯将让他们受益终身。小时正是习惯养成的最佳时期，错过时节将悔恨莫及。

还有，我们是具备一定班额的集体教学。家有家法，班有班规，如此才能有效提高效率，这符合最大多数人的利益。

每一回都会在这种行为要求的设置上产生分歧，其实，关键是规则能否获得学生的认同，以及拿捏的度。

共识形成，那就各抒己见。

对坐姿是什么要求？

屁股坐椅面三分之一，双手平放桌面。一直是这样的。

不妥吧，这样坐一节课不累死？你自己试试？

一个个摆好架势，嗯，确实不舒服。怎么办？

身子靠椅背，手放大腿。

你说我听，一齐来体验。

这样好，屁股坐了四分之三，背又有依靠，真不累。

这样，学生会不会过分放松，塌腰驼背？

再试。

不会不会，后背靠椅背，身子自然挺，看黑板时还避免了原先坐姿的过分仰头。

好，就这么定了！

慢！我们都是几岁的人？我们舒服，小孩子是否适合？

还真是的，再看看这椅子，确实有点高。

陆老师的女儿不是在办公室吗？把她抓来看看不就得了。

来，小乖乖，小屁股坐稳，背靠在椅子背上。——呵呵，两条小腿悬着直晃荡。

再站站看——哎呀，小屁股用劲往前扭一扭，脚尖点地才站起。

唉——教室里一群大人齐叹气。

往前坐点儿，双手平放桌上看看。这回小脚丫终于碰着地了。

没有余地，小朋友们只能这么坐了。

举手有什么要求？

那还不简单，左手举呗。

哈哈，你是左撇子吧！哪儿见过齐刷刷一片左手的？

你们别笑，左手举说不定真有好处，据说多动左手有助于开发右脑。咱们试试左手举手，说不定就开发出一批神童。

哈，值得一试。

这样，对坐姿的要求中应该是右手放在左手下面。

这样也方便写字时左手按书这个要求的落实。

半天就这么过去了。

二、想象力遗失启事

大凡教一年级拼音，都会遭遇一件烦恼事——不少学生学前已经部分地学过拼音。烦恼何来？因为学生来自各家幼儿园，而幼儿园的拼音教学并无明确的标准，学生的拼音掌握情况差异很大，也有个别学生是零起点。这种大差异为我们的教学带来了难度。

但这还不是最主要的。

这节课教学声母 b、p、m、f。

我出示了教材中 p 的表音表形图：一只小猴子推着小车上山坡。

——看看，图上画的是什么？

——是 p。

我话音还没落，教室里就是七嘴八舌的一片。

——有小朋友眼睛很亮，看出了藏着的 p。小朋友再仔细看看，图上画的是谁，他在干什么？

——老师，这幅图就是要告诉我们 p。

亲爱的小朋友，你们很聪明，你们看到了图画里藏着的 p。但是，除了 p，你们就不再关心其他的东西了吗？

课前，我曾经设想，你们看到了一个有趣的故事，你们看到了小猴的辛苦，你们甚至听到了小猴的呼哧呼哧的喘气声。小猴，推车上山太累了，为你加油！小猴，你真是好样的，上山后歇会吧！小猴，我有餐巾纸，给你擦擦汗！你们还会猜：小猴为什么要推车上山？他是去看姥姥吗？车里装的是什么呢？

也许，这些有点偏离了课程的目标，但我希望看到那种情境下的你们，那种飞扬的童年状态。可是遗憾，唯一的确定性已经悄悄挡住了你们的想象力。

你们的想象力什么时候遗失了？

三、戴个面具进教室

"下午第一节课你代课。"

"音乐教师排节目，你代下课。"

"今天的美术课你代课。"

代课！代课！这两天我一听这俩字就有点儿精神紧张。

怕累？不是。我的课每天两到三节，加上晨读、课间、晚学前，我这面孔老在学生们面前晃悠。学生好容易逮着个可以换换脸的机会，结果盼来的还是这副面孔，一天看下来还不腻透？纵使学生们给我面子不说，自己总得识相点才是。

想归想，教室还得进。不过，总不能老是一副语文老师的面孔。语文老师是什么面孔？

眼离书本一尺了吗？握笔又错了！张大嘴巴 ɑɑɑ！……

好无趣。

画不了美术老师的画，唱不了音乐老师的歌，但那种放松、随意应该还是学得过来的。不过也未必，眼里看的、耳里闻的、心里想的，怎么还就是语文？

最好，戴个面具进教室。

四、故事？上课？

任课老师都反映，班上有几个"角色"很厉害。语文课上也如此，手里总摸索着直尺、橡皮之类的玩意儿，鞋子一脱，腿跷得老高。Y 则常常一把小剪刀不离手，剪出脚下一地纸花。

"谁的小手放得平？"

"我的小手放得平！"

一边喉咙喊得震天响，一边小手照剪不误。

有点黔驴技穷。

光练常规不成，在内容上试试。怎么试？每节课用个故事点缀点缀。

翻箱倒柜"偷"出儿子的书，先讲这本《大个子老鼠小个子猫》吧。

一听讲故事，小眼直放光，腰板挺得笔直。

除了 F 外，其余学生听得都很专注，不时哈哈笑几声。我看窗外没人经过，语气便放肆又夸张。

故事告一段落，看出大家都有点意犹未尽。

"如果你们表现好，以后老师每节课都给你们讲故事。"呵呵，这种老掉牙的诱惑法不用打草稿就溜到了嘴边。

下一课如法炮制。有效果，但一到拼音的教学，似乎各个角落又开始蠢蠢欲动。我灵机一动——

上课了，马老师走进教室，看到小猪、大个子老鼠、小个子猫他们乱作一团，有点生气了，走到讲桌前，说：身坐正，脚踩地……（学生们自然跟了上来，立马坐得好好的。）

"马老师说，今天，我要检查你们'四声'的情况（出示标有四声的字母）。大家读！"

已经分不清是在讲故事还是在上课，情节、人物在故事和教室里穿梭进出。看学生们一个个投入的样子，这招管点用。

那好，以后我们就一起来创作我们共同的故事。听说，陈鹤琴老先生好像称这种教学是"教学故事化"。

五、关于"怎么办"的这么办

小虫写信给蚂蚁

他在叶子上

咬了三个洞

表示我想你

蚂蚁收到他的信

也在叶子上

咬了三个洞

表示看不懂

小虫不知道蚂蚁的意思

蚂蚁不知道小虫的想念

怎么办呢？

——方素珍《怎么办》

时间：晨读。

内容：童诗《怎么办》。

《怎么办》是诗人方素珍小姐的作品，有趣好玩，给一年级学生诵读正合适。

范读毕，我问："你们说怎么办呢？"

"等小虫变成蝴蝶后飞过去直接告诉蚂蚁。"

"小虫可以请旁边的蚂蚁写，蚂蚁懂蚂蚁的话。"

"他们可以去找蜜蜂，坐在蜜蜂身上飞过去相会。"

这就是教室里的富有光彩的童年声音。

"你们的办法都很管用。老师也给他们想个办法，想听吗？——让他们赶快学写字。"

记忆中这首诗的题目本来叫作《不学写字有坏处》，1978年获得台湾第四届洪建全儿童文学奖童诗组第一名。北师大版教材稍加改动取名"写字很有用"。诗人构思奇妙，将道理寓于一个简短而意味深长的诗体故事中。诗人自己曾多次开玩笑说："这可是我当年的情书哦，可惜那个男孩子就像蚂蚁一样看不懂那三个洞。"

问题的关键是，现在的题目叫作"怎么办"。这样，诗歌的空间就显示出了丰富的不确定性与可能性。

此刻一边敲着键盘一边后悔，平时总一副为童年请命的模样，原来真正的骨子里也不能免俗。好端端一首诗硬要给它贴点"教育"的金，还洋洋自得地以为润物无声。童年常常就是这样被忽视的，语文也常常就是这样夭折的。

回头再想想，如果硬要往"学写字"上拉，倒也是有办法的，教师不用那么急于抛出观点，可以就着学生的想象话题不断给予诘难——

"等到变成蝴蝶那得要多长时间，小虫等不及。"

"自己的想念总请人写多麻烦啊，再说小虫有点害羞，这样的话不好意思让别人知道呢。"

"乘坐蜜蜂飞机倒很浪漫，不过遇到风雨天就麻烦了。"

如此一来，只有学习写字了。

不过，这样讨论，怎么想都有点请君入瓮的意思，不算上乘之策。

对了，记着给方小姐去个邮件，让她看看咱们孩子的高招，或者，建议她以后一直改用"怎么办"这个题目。

2007 年 12 月

语文课上的咩咩声

今天上教学练习一，内容是"你知道小动物们遇到危险时怎样保护自己吗"。课本举例：乌龟遇到危险时，就把头、脚缩进硬壳里。学生按照要求分别试着说出山羊、刺猬、乌贼在遇到危险时的表现。

编者的用意在"让学生了解这些动物怎样进行自我保护的常识"，"培养学生对周围事物的好奇心，能就感兴趣的问题进行探索。结合语文学习，观察自然，用口头方式表达自己的观察所得"。

对于刺猬、乌贼脱险的方法，一般人都不会感到陌生，但山羊使什么招数，我还真不怎么明白，只觉得山羊是一种很柔弱的动物，也没什么特别的本领。备课时我心里直纳闷，翻了几本教学资料，才明白山羊是"用头上的尖角来顶敌人"的，于是断定，到课上孩子们面对这个问题时肯定也傻眼。

"山羊遇到危险时是怎么样的呢？"我预想着该是沉寂的一片，便预备着适时启发。哪知话音刚落，讲台下面便是小手的树林：

"山羊遇到危险时，就大声叫咩咩。"

哈，出乎意料地有意思。于是，"咩咩""咩咩"……教室里响起一片羊叫，此起彼伏。

"亲爱的山羊，你们在叫什么呀？"我灵机一动，干脆就着这个答案深入下去。

"我在叫：不好啦，坏人来啦！"

"我在叫：快来人啊，快来人啊，坏人在追我啊！"

"我在叫：伙伴们快走啊，有坏人啊！"

"不对，"我故意绷起脸，让孩子们疑惑地看着我，"你们听，你们刚才怎么叫？咩——咩——叫得多欢哪，哪里是有危险，明明是说：我好开心啊！"

哈哈哈哈，孩子们大笑起来。

"咱们重新表演一下。小山羊，遇危险，心里急，直叫唤！"真如敌情来临，孩子们一个个作神情紧张状，"咩咩"得急切又可怜。

"谁懂'羊语'，请做翻译？"

"我们是叫：救命啊，救命啊，快来救我啊！"

"情况那么急，你们就在原地喊叫？"

"我们撒开四蹄，拼命往前跑，一边跑一边喊：救命啊，救命啊，有坏人啊！"

"老师，还有一种情况，"星丞同学站起来激动地说，"如果敌人跑得快，追上了山羊，骑在山羊的背上，山羊就突然停下来，两条前腿高高抬起来，就像人那样站起来，敌人没注意就给摔下来了。"

"这只小山羊真聪明。看来，遇到危险的时候一定不能慌，要开动脑筋想办法。"

于是，课就在兴高采烈中一路进行下去了。连那刺猬遇到危险变成小刺球这几乎不存在疑义的地方也遭到了孩子的不满。

"刺猬虽然缩成了小刺球，可敌人还是认得它，盯着它不走怎么办？变成小刺球后得在刺上顶满花朵，伪装起来，敌人就认不出了。"

"如果敌人总不走，刺猬就要饿死，所以刺猬应该先钻进一个大果子里再变成小刺球，这样就不怕饿了。"

教到这儿，觉得真有点要嘲笑编者们的良苦用心了："让学生了解这些动物怎样进行自我保护的常识"，"用口头方式表达自己的观察所得"。他们大概忘记了，这不是科学课，而是一节为正走向文字天地的孩子预备的语文课。常识固然需要，但是孩子的浪漫诗情与想象本能给"常识"插上了飞翔的翅膀，于是固定而唯一的"常识"获得了无限的可能，这才是语文真切的要义。就在这种自我释放中，语言的表达成了他们内心的迫切需求。

"我要说""我想告诉你"——还有比这更重要的吗？

2007 年 10 月

平平仄仄说名字

本学期在班里开设"对课"课，每周一课，计划讲 15 个课时，用的教材是丁慈矿先生编著的《小学对课》，学生人手一册。

这节课讲"平仄和谐"。

先积淀感性经验。分别朗读并体会"三言两语——三语两言""三心二意——三意二心""三长两短——三短两长"，这里的顺畅和别扭其实跟汉字的声调排列有关。我向学生解释，普通话中一、二声的字称为"平声字"，三、四声的字称为"仄声字"，我们通常说的"朗朗上口"，就是指平仄和谐，也就是声韵美。

为加深印象，我让学生分析自己名字的平仄组成，教室里霎时热闹起来。

"我的是平平仄！"

"我的是平仄平！"

"我的是仄仄平！"

我说，当初，你们的爸爸妈妈为你们取名时费尽心思，要有寓意，要有内涵，写着要好看，可很多人忽视了一点，就是还要讲究字音的平仄变化。一个名字，如果做到平仄相间，读起来就会好听顺口。很早以前有个著名影星叫王丹凤，其实她原来叫王玉凤，可是“玉凤”两个字都是去声，不好听，于是，导演为她改名叫“丹凤”，这样一平一仄，既响亮又好听。

“哎呀，‘张一飞’是‘平平平’，没变化！”一个学生突然大惊小怪地叫起来。再看张一飞，一脸的沮丧。

我说：“‘张一飞’的名字里有讲究，大家发现中间‘一’的奥妙了吗？”

“‘一’是可以变调的。”

“‘一’在第一声前面变调读作第四声。”

我决定将“一”的变调规律深入讨论下去，便在黑板上写了几个词语：一个、一切、一天、一年。

“这些词语中的‘一’，我们很自然地分别读作了二声和四声，以前只是凭着语感，今天你们能用平仄的知识说明吗？”

这自然难不倒他们：“‘个’‘切’是第四声，‘一’再读四声的话就很难听，就是‘仄仄’了。”“‘天’‘年’是平声字，‘一’读成四声，声调起变化了，好听。”

我追问：“这样，‘张一飞’还是‘平平平’吗？”

“应该是‘平仄平’。”

再看张一飞，已是笑容灿烂。

“老师，‘吴卓超’也是‘平平平’！”又有人发现了新大陆。可不，吴卓超正噘着嘴呢。

我赶紧安慰：“尽管‘吴卓超’是‘平平平’，但声调还是有变化的。你们听，‘吴’和‘卓’是二声，可后面的‘超’是一声，所以仍是好听的。”小吴同学的眼睛立刻笑弯了。

"老师，你说的这点我赞同，尽管都是平声，但一声和二声连在一起听起来也是有起伏变化的。你刚才说到'一'的变调漏了一种情况，比如'一顶'，如果按照平仄变化，得读成'yí顶'，可事实上却读成'yì顶'，两个仄声，也并不别扭，就是因为一个四声一个三声。"

"老师，'不'的变调也是这种情况！"

这帮小家伙真不错。我一边赞许，一边组织大家再回到名字的讨论中。

"老师，你说得不对，'林则徐'就是'平平平'，而且三个字都是二声。你不是说古人很重视平仄吗？"

怪自己小看了这帮毛孩儿，原只想讲点平仄的皮毛，便没做缜密考虑，现在只得搜肠刮肚，调集仅有的一点声韵知识亡羊补牢："名字里的字平仄协调，确实能产生音韵美，至于说到'林则徐'三字都是平声，而且都是第二声，那是因为平声字给人一种悠长平静的感觉，所以三个字连读虽然不很抑扬顿挫，但也十分工整。我国有位老歌唱家叫姜嘉锵，三个字都是一声呢。"

看学生们频频点头，我又补充："不过，如果名字中的字都是'仄仄仄'，似乎就不好听了，因为仄声字发音短促、压抑。"

我话音刚落，就有学生起来反驳："难道伟大的曹雪芹不懂平仄吗？他取的名字'贾宝玉'就是'仄仄仄'！"

"贾宝玉""贾宝玉"，我还真被说愣了，这个名字挂在老老少少的嘴边，从没觉得拗口啊。突然，我灵光一闪，大声念起来："'贾宝玉''贾宝玉'，你们听出了什么？"

"'贾'变成第二声了，两个上声字连在一起，前一个得变调读成二声。"

"所以，'贾宝玉'就由'仄仄仄'变成'平仄仄'啦。"

"赵树理呢？"

……

下课的音乐终于响起，我闪！

（附：回头查阅资料，发现学生提及的"林则徐"中"则"是古入声字。又跟慈矿兄聊，慈矿言，今天的平声和古代的平声不一样，因为分出了"阴阳"，还是有变化的，所以"平平平"未必难听，只是如果"平平平"都是第一声的话就叫不响。而如果"仄仄仄"都是第四声就比较难听。）

2011 年 10 月

《九色鹿》教学三题

　　《九色鹿》是苏教版四年级上册语文教材中的一篇课文，这一课备课与教学中遇到的几个问题让我难忘。小学语文很"小"，是儿童语文。小学语文也很"大"，用李吉林老师的话说就是"虽小犹深"，需要我们具备严谨的态度、求真的精神和广阔的视野。

一、这是个中国的故事吗？

　　在我国，九色鹿的故事最早出现于敦煌莫高窟 257 号洞窟的《九色鹿经图》壁画，是莫高窟内最完美的连环画式本生故事画。1981年，上海美术电影制片厂摄制了《九色鹿》动画片。这个故事几乎是中国家喻户晓的老故事，然而，它起源于佛经，收录于《佛说九色鹿经》。据说，九色鹿是释迦牟尼的前身。那么，这个发源于恒河的故事还能被称为中国的民间故事吗？

　　我向前辈学者刘锡诚先生请教。刘先生是著名的文艺评论家、民间文学家。他告诉我："源自佛教和佛经的故事很多，只要在中国老百姓中获得流传，并粘连或附加上中国的文化因素，就可以算入中国的民间文学之列。刘守华先生专门写了一本探讨这个问题的论著。连最有名的梁祝传说，都有人认为是源自印度的。"

二、调达的行为是诚信问题吗？

故事中，九色鹿拯救了落水的调达，调达起誓绝不说出九色鹿的住处。但他在利益的诱惑下，出卖了九色鹿。于是，很多人把这个故事解读作要信守承诺，故事中的调达则成为背信弃义、忘恩负义的典型。随着研读文本的深入，我对这种观点产生了怀疑，在心里追问：如果调达在九色鹿救起他时没有起誓，他是否可以出卖九色鹿？再进一步假设，如果九色鹿没有救调达，调达就可以心安理得地带国王来捉拿九色鹿吗？因此，我认为，这个故事无关"信"而直指"义"。

在做这样的思辨时，我意识到，这个文本包含着诸多值得我们思考的命题，有些东西我只是直觉式地把握，因此希望得到更清晰、更深刻的阐释。我想到了陈家琪先生。陈先生是同济大学哲学系教授，是具有很高声誉的哲学家，数年前曾经听过我的课。陈先生很快回复了我，还将这一讨论转给他的研究生阅读。现将陈先生回复录于下：

益民，你的理解是对的。"信"似乎与一个人违背了自己所说的什么诺言有关；但一个人未说，我们怎么知道他心中是怎么想的？这则故事主要是讲"义"，但"义"这个词太含混，很难解释清楚，不如说成是"利"，也就是一个人如何对待眼前之"利"的问题。被救命当然是最大的利，但"命"一旦有了，就成了既有事实，于是也就不管这个前提，只在此前提下寻求新的"利"；

而且时过境迁，总有新的"利"可寻。这涉及人性，当然，说到人性，总要以人有生命为前提。所以这则故事是在有生命这一前提下讨论"义"与"利"的关系，而生命是如何获得的则被忽略了（人们通常都会忽略的）。至于"义"与"利"的关系，当然还是要引用《孟子·告子上》中的那段话："生，我所欲也，义，亦我所欲也。二者不可得兼，舍生而取义者也。"在孟子看来，既然可以做到舍生取义，当然别的小利就更不在话下了。但一个人连命都没有了，"义"还有什么用？这又涉及信仰。这才与"信"发生了关系。所以可以分几个层次来说。

三、"誓"字如何解析？

我曾在多个城市执教《九色鹿》一课，不少听课老师肯定了我教学的独特性。但有一回，汉字研究专家、福建集美大学金文伟教授却认真地指出了我课堂中的一个错误。

课堂上，讲到调达获救起誓时，我告诉学生，"誓"字上"折"下"言"，古人发誓时，一般手执枝条，发完誓就折断枝条，意思是如果违背了誓言，就和这枝条一样。我一方面想帮助学生记忆字形，另一方面更是想彰显自己一贯倡导的语文的文化性。记得起初是在一则资料中看到这一说法的，为慎重起见，我翻查了《细说汉字》等资料，均未查到依据。我又在网络上搜寻，读到不少折箭、折枝、折柳的说法，便未再求证。因为觉得很有意思，便用在教学中了。

课毕，金先生很认真地对我说："你对'誓'的解释有误，'誓'是形声字，从言，折声（古音）。'誓'在《尚书》就有，比如'汤誓'，指军事动员的言语，那时并无折箭、折柳为誓的风俗。"

后来整理教学实录时，我想，既应保留课堂真实场景，又不能误导读者，最好请金先生做个"誓"的解析附在文后，这既是汉字知识，又体现出为人治学的精神。

金先生一口答应，甚至赞扬我对真理与科学的尊重。本以为这并不复杂，但没想到，为小小一个字，金先生竟花费了很多的时间和精力。

金先生告诉我，解说好一个有争议的字，要查很多资料，这涉及比较深入的汉字教学理念，不说清楚可能引起反作用。他查了谷衍奎先生的《汉字源流字典》，查了《汉语大字典》《汉语大词典》，又请教了一些古代文学学者，寻找折箭为誓的起源，以及"折"在构字中有哪些字为系统。他告诉我，主要的一个问题是，关于古人后来起誓为何"折箭"，答案不一。有的说是因为"硬"，契约就是因为"硬"，有的说是因为与"矢"谐音，但都无文献资料证明。

几天后的一个深夜，我收到金先生传来的文件，1300余字，翔实解析"誓"。

与此同时，金先生编写的《汉字教学常用字形义解析》也在寄给我的路途中，他说，希望这本书能给我的汉字教学带来一点方便。

附：关于"誓"字解析致益民先生

益民先生：

您好！

您的《九色鹿》课录对课文的解读既忠于文本，又见解独到，使我获益匪浅。对您解析"誓"字的形义关系，则以为不妥，写出浅见供参考。

原文：

师：刚才，我们想象了调达的起誓。看这个"誓"，上面是个"折"，下面是个"言"。起誓，对着神明、上天、祖宗，说一些告诫、约束自己的话，所以从"言"；"折"是"断"的意思。古人发誓时，一般手执枝条，发完誓就折断枝条，意思是如果违背了誓言，就和这枝条一样。调达又是叩头，又是发誓，但最后还是违背了自己的诺言。

您认为"誓"是会意字，从言从折，折表示"折断枝条"之意。

查《说文》："誓，约束也。从言，折声。"认为是形声字，从言表示用言辞约束人，折表声而不表意。《说文》的解析是否正确呢？查《汉语大字典》第一个义项解释为："古代军中告诫、约束将士的言辞。"中国最早的历史文献《尚书》有《汤誓》，就记载了商汤伐夏桀时告诫将士的言辞。可见"誓"的本义是军队里用言辞约束将士，这里显然不须"折断枝条"了。后来由"誓"的"约束"义引申为共同遵守的誓约。即使这样，在很长一段历史时期内，双方誓约也没有文献记载有"折枝条"的行为。"折箭为誓"最早见于南宋·岳珂《桯史·二将失律》："虏既得俊迈，折箭为誓，启门以出二将。"乃"誓"字产生千余年后事，折箭显然与"誓"字产生无关。可见《说文》解释为形声字还是正确的。

商榷"誓"字的构形原理，涉及汉字教学的一个重要理念和方法问题。您对"誓"字的形义解析，博得了一片赞扬：这样解说，使小学生既理解了"誓"义，又记住了字形！至于这样解析是否符合汉字科学，那就不管了——这是小语界普遍存在的观念，却是识字教学上的短视行为。此教法不仅给学生传授了错误的汉字知识，不利于学生的今后阅读和终身教育（比如高中读到《诗经·卫风·氓》中"言笑晏晏，信誓旦旦"时，也要理解他们是"折枝条"立誓吗？），而且也降低了识字效率。

汉字偏旁组合有其严密系统，汉字学研究的内容之一是"怎样使汉字更好学更好用"（周一光），其中强调"讲错一字，破坏一片；讲对一字，方便一串"，这就是"举一形而统众形"（《说文》）、以简驭繁的识字方法。比如"折"不仅在"誓"中表声，在"哲、浙、蛰"和"逝"等字中同样作声符，只是"哲、浙、蛰"与"折"的 zhé 音相同，而在"誓、逝"中音变，已不能表音，成为汉字学称作的"记号"（汉字偏旁既不表音也不表意的称作记号，比如"江"字的"工"，现在已不表音，就成为记号了）。这里将"折"解释为"折枝条"，那么将"逝、蛰"中的"折"解析成什么呢？

这种古代形声字的声旁因音变而成为记号的现象比较多，给学生讲清楚这种规律对提高识字效率，传授汉字科学文化都有极大的作用。据我的实验证明，给一年级学生讲形声字他们可以学懂，二、三年级学生对声旁变记号的知识也完全能掌握。您这课在四年级，教汉字规律，讲系统识字，应该行得通。

另外，即使将"誓"的"折"解析为表意，也还是以"折箭"为好。"折枝条"的做法古代可能有，但不见于典籍，不如"折箭为誓"更符合历史，更符合语文规范。

　　以上意见请指谬。

　　即颂

　　教安！

金文伟草

2013 年 8 月 1 日

絮话习作提示语

学生习作练习或测试时，如果一个题目尚不足以完全体现命题者的意图，或者具有一定难度，就有必要加一些补充的话，即"提示语"。然而，纵观目前一些习作的提示语，未必真有提示之用。试看几例：

"语句要通顺""内容要具体""感情要真实"……

"不写错别字""标点符号使用要正确""书写不潦草"……

前一种提示语，是对学生习作的普遍要求，姑且称之为"空洞型"，对学生"这一次"的习作并无实质性帮助。后一种呢，可谓"教导型"，其实是学生习作的习惯与语文能力体现，安在提示语中，显得不伦不类，似乎不做"提示"，就会那般了。

我们应将提示语视为作文题目的有机组成部分，我认为可以从以下两方面着眼，切实发挥其功能。

激发表达欲望

苏联教育家赞科夫说："只有在学生情绪高涨，不断要求向上，想把自己独有的想法表达出来的气氛下，才能产生出使儿童的作文丰富多彩的那些思想、感情和词语。"叶圣陶先生也认为"心有所思，情有所感，而后有所撰作"，提倡"有所为而作"。提示语的一个重要职能，是为习作者创设一个良好的心理环境，召唤他们记忆中的相关表象，激起表达的欲望，促使其把热爱生活的激情迁移到习作上。

请看看图习作《老师好》的提示语：

　　红花、彩球，欢呼、雀跃，在这喜庆的节日里，敬爱的老师，我们有多少话要对您说。一声"老师好"，凝聚了千言万语，红领巾的祝福，永远真诚而神圣。

　　这是怎样的千言万语啊！是想起了夏令营中被老师背去医院，还是大雪纷飞的清晨，老师同我们一起扫雪？是想起了答对题时，老师眉梢嘴角漾起的笑意，还是做错事时，老师那慈祥焦灼的目光？是……还是……

　　请仔细看图，联系实际，写一篇作文，表达对老师的深情。

这则提示语旨在把习作与学生的需要联系起来，引发学生的情感共鸣，为其写作设置一个由情感体验构成的心理背景。第二段的设问式列举，则帮助学生打开思路，回忆素材。这样调动起学生表达的积极性，那么，诉诸笔端的语言文字才可能具有真情实感。

提示写作思路

我们知道，写作是"客观现实——思维加工——语言文字"这样递次反映的过程。学生习作，首先必须有与习作相关的感知表象和习作材料。如若所拟题目较为抽象，会令学生一时茫无头绪，这就须通过提示语减缓坡度，开拓思路，指导学生对所储信息进行检索、提取、重组。

请看我们为一道六年级习作题拟的提示语：

写一件事，反映"遇事要动脑筋、勤思考"这个道理，题目自拟。

（1）"动脑筋"大多是在一定困难条件下，写好困难是写好本次习作的前提。

（2）困难可以是学习、工作方面的，也可以是生活、游戏方面的，范围很广。

（3）习作要写出由"没办法到想出办法"，由"遇到困难到克服困难"的过程，可以适当引用名人语录或成语、谚语。

这段提示语，一则启发学生多侧面思考，回忆联想，让相关的生活经验和积累的材料重现眼前，从而言之有物；二则启发学生根据要求，把握重点，对所占材料进行选择、组合、排列，从而言之有序。可以想见，这样的点拨，将有助于学生理清思路，优化表达。

营造学生自主学习的空间

——我教古诗《小儿垂钓》

建构主义理论认为，学生的学习不是被动的接纳过程，而是一个以已有知识、经验、态度等为基础的主动的建构过程。这启发我们不能滞停于传统意义上的知识传授，更需努力为学习者营造一个宽松、民主、探索、合作的空间，以唤醒、激活其自主学习的热情，让他们在主动参与中生动活泼地发展。

教学古诗《小儿垂钓》时，我就此设想做了一些实践探索。

"你们来做小老师"

古诗教学时，设若完全把学生视作接受者，只是让他们被动地读、听、记、抄、背，势必压抑他们的学习热情。学生是具有巨大潜能的生命体，教师若能创设适宜的条件，激活其沉睡的能量，帮助其获取成功的体验，则能催发他们主动参与的热情与信心。

能用自己的话说出诗意是本课的教学目标之一，在研究了教材内容与学生能力后，我设计了一个请学生做"小老师"的环节。

我首先启发学生自由质疑，有效调动其学习心向，亦为稍后的"排障"与交流设置方向；接着鼓励学生："这些问题同学们都能自己解决，老师想请你们做小老师，想想办法，自己教自己。"富于诱惑力的角色与教师期待性的语言，激起他们浓烈的学习热情。教师顺势启发学生回忆以前学习古诗的方法，随即，学生们在小组内查字典，看插图（如"蓬头"），揣摩诗句（如"草映身"），联系已知（如"借问"曾在《清明》一诗中接触过），主动投入到"做小老师"的准备活动中。继而，"小老师"们纷纷登台宣讲自己的发现，师生互相补充、完善，较好地实现了既定目标。更具价值的是，学生在主动参与中体验到了成功的乐趣，初步领会了学习古诗的方法，蓄积起进一步学习的良好态势。

"文坛公案"辩论赛

苏霍姆林斯基说过，在儿童的心灵深处，都有一种根深蒂固的需要，那就是希望自己是一个发现者、研究者、探索者。《小儿垂钓》后两句"路人借问遥招手，怕得鱼惊不应人"中，"招手"之意历来存有异议。我以为，这正是激发学生学习兴趣，促使他们萌生探究欲望，进而实现自主学习的良好契机，便导演了一场有趣的辩论赛。

我煞有介事地告诉学生："'路人借问遥招手'，这句中的'招手'，人们有两种理解。一种意见认为，'招手'指摆手，意思是'呀，别过来，别吓跑了我的小鱼儿！'另一种意见认为，'招手'就是招手，意思是'嘘，别出声，凑过来，我指给你看！'人们争论不休，没有定论。今天，同学们有信心断一断这桩文坛公案吗？"

平常的词语，相悖的理解，这一颇具张力的矛盾情境燃起了学生的探究欲望。沉思片刻，两派学生引"经"据"典"，开始唇枪舌剑。思维在争辩中碰撞，语言在交锋中砥砺，双方相持不下，我适时引导："诗歌最吸引人的，就是诗人在诗里留下了不少模糊的地方，读者可以根据自己的理解去想象、去理解，只要合乎情理，都是允许的。想想，该怎么对待这两种观点？"

于是，学生们围绕各自的理解开始了表演，以证明是否合乎情理。他们说："我认为这两种观点都说得通，都符合生活中的实际，都是为了不吓走要上钩的鱼。""虽然都说得通，不过，我还是更喜欢让路人过来的小儿，他的做法很聪明，又帮助了人。""我明白了，遇到不同观点时，既要相信自己，又要虚心听取对方的意见。"掌声与笑声中，治学为人的种子在稚嫩的心田悄然播种。

"你想做哪道题"

很长一段时间里，我们的教学偏于强调"同一性"，注重"类"的教育，忽视了学生群体中常态分布的差异现象。在课堂教学中，表现为要求班级全体学生在同一时间以同一方式学习同一材料，主观地期望达成同一目标。怎样尊重学生的个性差异呢？教学本课时，我除了引导学生运用不同的方法理解诗意，在作业设计上也进行了一点尝试——学生可以选择自己喜好、擅长的方式重现诗歌：

（1）画。课文插图表现的是后两句诗意，请画出前两句。

（2）唱。根据这首诗的特点，配上适合的旋律演唱。

（3）编。把诗歌编成一个有头有尾的小故事。

（4）演。同学合作，根据诗句表演。

诗歌的广阔意境给学生留下了自由开掘的空间，多元化的作业样式则激活了学生各富色彩的智慧。他们选择其一，自由演绎：或以画配诗，或古诗吟唱，或"垂钓新编"，或憨态模拟，个性在唐风古雨中沐浴，潜能在诗情画意间释放……

古诗教学偶拾

教室飘起"杏花雨"

早春，阳光透过窗棂洒满了整个教室。

"沾衣欲湿杏花雨，吹面不寒杨柳风。"今天学习南宋诗僧志南的名诗《绝句》。"杏花雨，就是清明时节杏花开的时候下的雨。"我努力将诗中的每个词语讲解得明白透彻。

"老师，'杏花雨'能不能有另外的理解？"这时，座位上高高地举起一只小手，"诗人外出踏青，看图上是小桥流水。树上的小鸟欢叫着，天上飘着细雨。杏花开了，空气中都是杏花的香气，连雨都是香的了。诗人就称这雨是'杏花雨'了。"

受到启发，又有学生站起来说："我觉得，这'雨'不一定是真雨。漫步水乡，春光宜人，诗人放眼望去，前方的杏林已经泛红，这大片的粉红把他吸引了。于是，他快步来到杏林中。这时，一阵风吹来，一些杏花的花瓣飘落到他的脸上、身上，这不就是'杏花雨'吗？"

"杏花雨"，多么诗意，多么灵动！学生们的眼睛在发光，我也似乎闻到了馥郁的芬芳，瞧见了绚丽的色彩。我们都成了"词的音乐家"！

我暗暗感慨，儿童的心中本就栖居着诗意，扑棱着诗情，他们倾听花开的声音，描绘生命的绿色小河，欢呼冰雪融化成的春天——他们天生就是诗人！水尝无华，相荡乃成涟漪；石本无火，相击而发灵光。师者的职能不就是荡水、击石，去努力唤醒儿童心中沉睡的诗人，去奏响他们心中诗的琴弦吗？

"杏花雨"在飘洒，我的思绪也在飞扬。

空山听人语

统编语文课本四年级上册第一单元"学习园地"中，编排了王维的名诗《鹿柴》。

"空山不见人，但闻人语响。"在理解了"空山""但"等字词意思后，我请学生说说对这两句诗的理解。

昕洁同学说："这两句的意思是，空荡荡的山中不见一个人影，只隐隐约约听到人说话的声音。"

理解了字面意思，我启发学生体会诗人笔下的空山给人的幽静感觉。一边说着，我一边翻页 PPT。这是一个现成的 PPT 文件，我只打算课上引用其中的一点材料，因此课前只是简单调整了一下，没有细致推敲。这时，页面显示的一屏正是刚才诗句的解释，我便给学生顺便看一下："山中空空荡荡不见人影，只听得喧哗的人语声响。"我这才发现，这一解释与刚才昕洁同学的理解有出入。我立刻意识到，应该抓住这个机会向学生说明，对诗句的理解可以有差异，关键在于能否自圆其说，所谓"诗无达诂"。一些学生开始点头。

话刚说完，我又突然意识到，具体到这首诗，两种解释存在高下之分。于是，我把问题抛给学生们："那么，对于这两句诗，你们更赞同哪种理解？"

学生们陷入了沉思，有的同桌之间悄悄讨论了起来。我提醒他们联系自己的生活经验体会。

随后的发言中，学生都把赞成的票投给了昕洁同学。他们说：

"正是声音的小，才显出山的空荡荡。"

"隐隐约约的声音，一般情况下听不到，只有非常安静的时候才能听到。"

"我有这样的体验。夜晚，非常安静的时候，我能听见小区里虫子的叫声。白天耳朵边有各种声音，很小的声音就听不到了。"

"第二种解释说听到喧哗的人语声响，感觉这个地方不静，不美。"

"能听到喧哗声，不代表山中静，因为声音太响了，哪怕不静，也还是能听到的。"

我肯定了他们的发言，说，阅读文学作品，诗歌也好，散文也罢，就是要用心揣摩，细心体会，这样，才能领略语言文字的妙处。

分别记于 2001 年 10 月、2021 年 9 月

"错误"也是资源

教学活动是师生互动建构、共同成长的过程，"动态"与"生成"是其鲜明特征。因此，在课程实施过程中，教师课前预设的文本方案会遭到源自"互动"的强劲挑战。学生由于已有经验、情感态度等方面的差异，其课堂反馈必然丰富而复杂。其间，"错误"是每位教师必须直面的学情信息。

面对"错误"，教师是独钟预设、绕道他行，还是直面"现实"，慨然应之，这折射出教者视野的关注点：学科还是人？

自然，教学交往的主题一定程度上是而且应该是被"规定"了的，教学交往是以教材为"话题"的师生的相互作用。这要求我们，面对"错误"，教师应该准确辨识，及时筛选，选用相关策略，努力挖掘"错误"的潜在资源，使得"纠错"增值。下面谈几则我自己经历的教学案例。

一、探询中彰显个性

一次练习，我请学生按照一定顺序重新排列下列词语："炎热、温暖、寒冷、凉爽"。学生一般都按由冷到热或自热至冷的顺序重新排列，正确完成了这一练习，唯有一名学生排列成"温暖、炎热、凉爽、寒冷"，大家都笑了。

一道并不复杂的题目为何出错？我决定追问原因。他犹豫了一下，说："我把这几个词语分别看作一年四季的气候特点，按'春、夏、秋、冬'的先后顺序排列的。"我的心怦然一动，这不就是人们常说的"求异思维"吗？这名学生不人云亦云，而是另辟蹊径，力求创新，即或是偶然生发的产物，教师也当倍加呵护，努力使这种思维品质内化为心理建构。

由此看来，对待学生的那些"错误"答案，不能仅满足于对结果的评判，而要寻根探源，摸清其思维轨迹，即便确有错误，也有助于我们从思维方法的高度矫正之。

二、比较中领悟内涵

教学《林海》，我请一名学生朗读课文。读至"大兴安岭这个'岭'字，可跟秦岭的'岭'大不一样"一句时，该生将"大不一样"读成了"不大一样"。我本欲简单告诫了事，但迅即改变了策略，决定抓住这一细节做一番"文章"——

师：他刚才哪儿读错了？（生答略。）"大不一样"和"不大一样"意思相同吗？

生：意思不一样。"大不一样"是说差别很大，"不大一样"是说差别不怎么大。

师：比较得好。那么看看课文，秦岭与兴安岭的差别到底大不大？

生：它们差别很大。秦岭"云横"，而兴安岭则"那么温柔"。

师：谁到黑板上来画画，看看秦岭和兴安岭是什么样的。（生作画。）

师：（指图）一个险峻，一个温柔，看来，二者确实是——

生：（齐）大不一样！

这是课堂即兴生成的环节，当时我突然意识到，此处学生的出错并非简单的认读错误，更是源自对文本内涵的模糊理解。于是，我将"纠错"转化成了语言感悟的契机，先引导学生辨析语义，再启发研读课文，体会课文内容与恰当语言形式的关联，帮助他们准确领悟课文内涵。

三、冲突中把握神韵

教学《颐和园》一课，有学生提出：课文中"游船、画舫在上面慢慢地滑过"中"滑"应是"划"字。其实，"滑"字表面似悖常理，实则精妙无比。我决定利用这一矛盾，引发学生的认知冲突。

师：是呀，人们通常都言"划船"，哪有"滑船"之理？难道作者真用错了字？这样吧，再读读课文，看看这一自然段主要描写昆明湖的什么特点。

生：描写昆明湖很平静，课文说它"像一面镜子""游船、画舫在上面滑过，几乎不留一点痕迹"。

师：（轻声、若有所思地）像一面镜子……不留一点痕迹……

生：我明白了，游船、画舫在平静的昆明湖上划行，就像在光滑的镜面上滑过一样。它不但不是别字，还巧妙地衬托出了湖面的平静。

生：从"滑"还可看出游人在昆明湖上是慢慢划船的，他们欣赏着湖光山色，心情多么愉快！

如此例，学生由于阅历有限，往往不能自觉领会文本的精妙所在，而以常理相比。教者正可抓住这种矛盾冲突，引导学生探究，体会课文的妙笔，这样处理，较之教师"告诉"更易"沁人心脾"。

四、"存误"中拓展空间

教学《丰碑》一课时，有学生说这是发生在"长征"途中的故事。我没有立即告知正确答案，而是说："像咱们同学一样，有很多人误以为这是个长征故事，其实错了。我想请同学们课后从课文中寻找线索，查查资料，考证一下。"学生们兴致很高，课后通过各种方式搜寻资料，终于从课文的"云中山"打开了解决疑难的突破口：云中山属山西吕梁山脉，红军三大主力部队及其他部队长征时都没有经过山西。实际上，这个故事发生在红军"东征"途中。所以，编者在教材的"预习"文字中使用"红军行军"的说法，是十分准确的。

将这一例"纠错"移至课后，是因为在课堂的有限时空，学生很难获得相关背景材料。"存误"至课外，旨在通过具体的发自"内需"的解决问题的过程，昂扬其学习热情，促使其学习信息处理、合作分享等策略。

2003 年 11 月

童年的歌声

　　小时候，我是一个内心渴望歌声的孩子。学校的时间里，流淌歌声的日子不能算很多，但也绝不少。年轻美丽的音乐老师拉着手风琴，我们摇头晃脑地唱着"海鸥海鸥我们的朋友，你是我们的好朋友""蓝天里，有阳光；树林里，有花香"……我们不知道也不去关心这些歌是从哪儿来的，只知道唱起来那么快乐，仿佛整个人都要飞起来似的。记不清哪一天甚至是哪一年，快快乐乐地哼唱时忽然就瞥见了歌谱右上方的名字，我们当然知道，住在那个角落的两个人就是写这个歌的。其中有一个人叫作"金波"，当时觉得这名字真有点特别，不过一个孩子并不会有太多的联想，我一门心思只对那些好听的歌儿感兴趣。就这样，动人的音符犹如长空的云絮，从我的童年一直飘到成年。

　　4年前的一天，我从一个学生手里发现了一本新书——《乌丢丢的奇遇》，看作者，竟然就是那个熟悉的名字，刹那间，童年的歌声在心中飘响，仿佛来自遥远的天际，可又分明回荡在耳边。

　　夜晚，我翻开崭新的书页，熟悉的旋律开始弥漫。那真是一个静谧得叫人连呼吸都需要小心翼翼的童话。乌丢丢的奇遇就是一首歌，一首只有心之弦才能奏响的歌。童年太需要这样的歌声了。

从此，每天的午后，我和班上的学生们都会走进乌丢丢的世界，静静地聆听那生命里的歌声。整整两个月，我们体验着，发现着，也提起笔记录着自己内心的和声。

有一天，50个孩子的几万字的"和声"飞到了金波先生的手中，很快地，我们就收到了金波先生的回信。他说："同学们不但读进了故事，还能思考、发现故事背后的思想，十分难得，十分可贵。能有这样的小读者和你这位优秀敬业的老师，是作家的幸福。本来想给同学们写封信，但总觉得语言无法表达我对同学们理解我这本书的欣喜，也无法表达我对你在阅读教学上所做的出色工作的感谢。"随信他寄赠了一首诗《走进书的世界——赠五（7）班同学》：

> 翻开书本的每一页，
> 都像走进一个新的世界，
> 眼睛变得应接不暇，
> 心灵体验着发现的喜悦。
>
> 书像大海，我们像一条鱼，
> 书像蓝天，我们像一只鸟，
> 美丽的成长记忆，
> 就从这里开始闪耀。
>
> 书页里夹着白天的阳光，
> 书页里夹着夜晚的月光，

无论多久，每一次翻开，
生活都会在这里飘香。

日子因阅读变得丰满，
阅读像吮吸生命的甘泉，
知识让心灵长出了双翼，
我们从书的世界里飞起。

这实在是给学生们的最为宝贵的礼物，我们立即将金老的手稿放大布置在教室的小书吧中。这可算得上是由"和声"引发的"和声"了。

其时，学校正策划举行阅读文化节活动，我突发灵感，何不把金老的赠诗谱上曲作为我们的节歌？音乐老师也非常兴奋，很快谱就。只是由于歌曲的需要，需对原词做少量改动。我去电征询意见，金老说，很高兴诗作能作为你们的节歌，至于改动，没有任何意见。随后，金老又将歌曲送《儿童音乐》副主编、作曲家舒小模先生，请他帮助修改。后来这首歌在该刊发表了。

相隔虽有千里，书中世界却让我们心手相牵，长少相知。如今，阅读文化节已作为学校的传统一年一度地举行下去，金老的这支歌也将由一届届孩子唱响。美好的旋律回荡在校园的上空，更飘飞在童年的天空。

2007 年 12 月

我们的"好孩子"班级读书会

作为语文教师，在理念层面，大家都知道阅读的必要与价值，但在操作层面，常感困难颇多，诸如读物的选择、方法的指导、读书成效的检测，等等。

近年来，我倡导儿童阅读，然而究竟如何行动，也感到缺乏一定的载体。我决心从"我"做起，探索一条有效促进儿童阅读的良好途径。

一个偶然的机会，我发现了儿童文学博士王林先生介绍的台湾的班级读书会，很受启发。我们大陆也有老师尝试班级读书会实验，但是像这样有计划性、系列性，并且拥有文本材料的读书会似乎尚无先例。我决心做出大陆第一份班级读书会文本材料。

童年时代找到喜爱的作家是幸福的

文学能够照耀人的心灵，童年时期的文学阅读会在内心留下恒久的印记。这一点我自己有着深深的体会。小时候，我喜欢读儿童小说，通过江苏《少年文艺》期刊认识了一批作家，程玮、黄蓓佳、金曾豪、刘健屏等都是我当时喜爱的作家。黄蓓佳的作品，像《小船，小船》《在你的身后》《敬礼，白桦树》《遥远的地方有一片海》《窗外的石榴花》，令我至今回味无穷，有些细节我仍记忆犹新。渐渐地，我对作家产生了一种眷慕的情感，埋在内心深处，甜蜜而美好。这种情感随着时间的叠加越发醇厚，伴着我一路走来，十分温暖。成年后，我当然接触了更多的成人文学作家与作品，也有非常感动的时候，但那完全是另外一种体验了。我体会到，一个人如果在童年时代就找到自己钟爱的作家，他的人生底色是明媚向上的，那是一件十分幸福的事。

记得以前询问学生崇拜的作家，他们说的大多是鲁迅、高尔基、雨果之类，其实，他们哪里读过他们的作品，不过是受媒体、成人的影响罢了。经过一年多的推进，上学期期末，我在班内做了个小调查，请学生写出自己最喜欢的作家和作品，学生们写的全都是儿童文学作家，有黄蓓佳、曹文轩、张之路、秦文君、孙幼军等。我相信，这是他们内心真实情感的流露。很多学生因为读了黄蓓佳的《我要做好孩子》，成了她的书迷，又自发地阅读了她的《今天我是升旗手》《我飞了》，6月份《中国童话》刚上市，就有学生抢着购买。

倡导儿童读儿童文学书

推荐什么样的读物折射着推荐者的儿童阅读观。我以为，儿童阅读应该有层级区分，核心层应该是优秀的儿童文学作品。有国外学者指出，中国儿童的阅读存在"超前性"的问题。儿童的阅读具有季节性，对于小学儿童，不宜过早推荐成人名著，应以儿童文学作品为主，那属于他们自己的阅读视野与趣味范畴。

阅读具有个体性，要注重个性化，这是否意味着儿童的阅读应该任其发展，读物也是各取所需呢？我认为儿童正处于成长期，他们在获得充分尊重的前提下，需要有经验的成人的指导与点拨，尤其是整本书的阅读。

我决定为班级学生选定一本共读书籍作为"抓手"。我想到了小说《我要做好孩子》。一方面，这部作品的内容贴近学生生活，作品中的描写很能激发他们的共鸣。另一方面，我感觉当下的儿童文学作品似乎过于"热闹"了一些。学生的生活世界已经充斥着浮躁，我们应该帮助他们在文字中找到一种沉静的感觉，我希望给他们介绍一些既有儿童情趣又有文学气息的作品。我认为黄蓓佳是一位有文学追求的作家，学生们会在她的文字中找到精神的抚慰。

事实证明了我的预想，班级学生对这本书非常感兴趣。一天午读时间，一个成绩一般的男生告诉我，这本书他已经在第十遍阅读了。

读书需要沟通交流

儿童阅读是内化的过程，与此同时，也应该提供平台创造外化的机会，这将有利于阅读的深化，班级个体与个体间的交流讨论还能拓宽他们的思路。这方面传统的做法，是让学生写读后感。其实写读后感是让学生们感觉头疼的事情，我把他们的读后感形容为这样的三部曲：开头先把书介绍，中间再来做检讨，最后争把决心表。

阅读是动心、动情的过程，阅读中，文字常常会拨动读者的心弦，我们应该抓住这种动情点进行引导。我结合这本书的特点，从学生的角度，精心选定了几个有张力的话题，让他们讨论、笔述、访谈、交流，诸如"好孩子的标准""在书中找到了谁的影子""给人物画个像""做回小记者""谢谢您，蓓佳阿姨"，等等。学生们的感受非常丰富，他们的话语、文字中有忧伤，有欢乐，有笑声，有烦恼。

譬如在"好孩子的标准"这个话题中，有学生采访了自己的爸爸。爸爸说："世界上没有一个十全十美的好孩子，也没有十全十美的好孩子的标准。"有学生的姥姥很有意思，说好孩子应该"孝顺"。有学生认为"天下的孩子都是好孩子，如果偏说有坏孩子的话，那坏孩子长什么样？如果实在要说有坏孩子的话，那也是让你们大人给逼的"。

在"谢谢您，蓓佳阿姨"这个话题中，学生们向作家祖露着最真实的内心。有的说，"我总怀疑自己智力有缺陷，这本书让我变得有信心了"；有的说，"这本书把我这个后进生唤醒了，我决心做一个好孩子了。谢谢您改变了我的生活"；有的学生甚至建议蓓佳阿姨再写一本《我要做好家长》。

随着学生之间阅读交流的推进，我又想到，能否把家长也纳进读书会。这部作品揭示的教育观、人才观等对家庭教育颇富启迪。我让学生回家向爸爸妈妈推荐这本书。过了两天，有学生告诉我，他妈妈竟然跟他抢着看这本书。有的家长不但自己阅读，还推荐给同事。有个学生说："我的爸爸妈妈看了两三遍，原先一直打牌的习惯也改了，开始关心我的学习了。"我"得寸进尺"，建议家长们把阅读中的体会写下来，跟孩子们做一回笔谈。

为了开拓同学们的视野，我又约请了几位专家参与我们的读书笔谈。令人感动的是，黄蓓佳老师也写来了回信，给了学生们莫大的鼓舞。

放大读书会的效应

阅读感受的交流完毕了，但这不是结束，而应该成为新的起点，学生需要保持一种持续阅读的状态。读完《我要做好孩子》，我组织学生阅读、讨论蓓佳阿姨给他们的信，引导他们透过文字揣摩蓓佳阿姨的性格特点。学生们说得很有意思，有的说，蓓佳阿姨是个"既有童心又非常贴心"的人；有的说，蓓佳阿姨是个很有情调的人，你看她要在晚间才写信，"拉上窗帘，打开台灯"，多么温馨；有的说，蓓佳阿姨是个很时尚的人，听说 20 世纪 80 年代初，人们是很守旧的，可是她长发披肩，多漂亮（我给他们看了黄蓓佳大学时的一张照片）；还有的说，蓓佳阿姨是个很敏感的人，仅凭电话，她怎么就知道我们周老师"瘦瘦的，个子不太高"？学生们由研究作品到研究作家了。

接着，我为他们提供了黄蓓佳创作这部作品的一些生活素材报道，记者、作家的采访与人物素描，还推荐了她的早期代表作《小船，小船》以及另外两部长篇小说。

这些是否可以算作"生活是创作之源""知人论世"等文学创作与评论基本命题的启蒙呢？

这就是我们的"好孩子"班级读书会。

我们的读书会还在学步阶段，我们愿意继续探寻。

2004 年 9 月

附：作家黄蓓佳给班级学生的信

尊敬的周益民老师，可爱的孩子们：

我是在今天上午专门空出时间来阅读你们这本《读书会小档案》的。只读完《好孩子的标准》这一章，我的眼睛已经开始潮湿。然后，每一分每一秒，随着阅读的深入，我走进了你们的世界，倾听到了你们心灵的声音。我有感动，更有快乐，还有一些心痛（我不说同情，同情是置身事外的旁观者的心态，可我却是切实地感受到了你们的忧伤和苦恼，是真正的心痛）。我没有立刻打开电脑给你们写信，因为白天的喧闹和打扰不利于我们之间精神的交流，我要把这份幸福留存到晚间的时光来独自享受。

现在，窗帘合上了，台灯也打开了，我一个人坐在书房里，喧嚣的市声和凡俗的杂务已经离我远去，我开始在脑子里想象你们的模样。我把你们这本小书又仔细读了一遍之后，你们的音容笑貌渐渐在我的心里成形。隔着浩浩长江，隔着一望无际的江海大平原，我仿佛看见了你们的教室，你们的操场，你们每天上学放学经过的街巷。甚至，我鼻子里嗅到了你们身上的气味，那种小马驹儿一样热气腾腾的、又像是小树和青草在春天蓬勃生长的气味。从前，我的孩子还在小学读书的时候，每次我走进她的教室，闻到的就是这股令人迷醉的味道。相信世界上的每一个母亲，对孩子的气味都是熟悉和喜欢的。

周益民老师，我们之间热心的牵线人，我只是在电话里听到过他的声音。普通话很好，音色也美，而且声线年轻，语言得体。我想象他应该是瘦瘦的，个子不太高，有一口笑起来非常灿烂的牙齿，儒雅而又有朝气，也有亲和力，很让孩子喜欢和着迷。不知道我的想象对不对？周老师对我二十年前的作品如数家珍，并且还悉数保存着，我有周老师这样的读者，是上苍对我的眷顾。

徐歆雯和丁舒权，给"好孩子"制定了很全面的标准，说得非常好，起码是把我脑子里"好孩子"的标准具体化了。小歆雯和小舒权，你们平常也是这样头脑周密的人吗？数学是不是学得不错？

汤佳玮好可爱，去向"德高望重"的老外婆询问"好孩子"的标准。老外婆的回答令我忍俊不禁。

陈舟洲说："每当看到老师对优秀生们嘘寒问暖我就十分羡慕，我多么想让老师注意到渺小的我啊。"发自肺腑的一句话，令我心酸。如果有一天我能够见到陈舟洲，我一定会拥抱一下他，告诉他，凭他这句话，他就是我心目中的好孩子。

蔡赟婕的父母很了不起，对"好孩子"的标准做出了如此有哲理的阐述。向可尊敬的父母致意！蔡赟婕有这样一对善解人意的父母，是她的幸福。

徐嘉君认为"天下的孩子都是好孩子"，关键在于大人对孩子如何教育。徐嘉君，如果你长大后当老师，我相信你会走进

"名师"的行列。牢牢记住你的这个信念。

王烨子的答案很有个性，希望你永远保持自己的这份独特。

张苏娜、施紫薇、汪丹凤、盛雨潇……啊呀，班上的同学太多了，原谅我不能够一一提名。你们都说得非常好，都是有思想、有个性、有文采的可爱的孩子。

另外，樊茜茜、汤佳玮和张苏娜都对我提出了希望。樊茜茜想让我接着写一本《我要做好家长》；汤佳玮要求我写一本关于性格孤僻的小女孩的书（小佳玮，其实你的性格一点儿也不孤僻，从你所写的一段跟外婆的对话来看，你很有幽默感）；张苏娜甚至已经为我的下一本书想好了名字：《一群可爱的天使》。好吧，为了不辜负你们的希望，我会尽力而为。

陈佳和沈瀚伦读完我的书，对写作有了兴趣，坚信十年、二十年后他们也会写出自己的书。太好了，到那时，就让我戴上老花镜，来做你们忠实的读者吧。

袁佳乐和顾英豪感谢我的这本书唤醒了他们蛰伏的心灵，改变了他们的生活方向。知道吗，看到你们写下的这几句话，比我得到文学界的最高奖项还要令人欣慰。

谢谢你们！也谢谢你们的老师、你们的家长，谢谢你们如此喜欢我的作品，更谢谢你们围绕这本书展开的这么有意思的一次读书活动。作家创作出来的作品和人物能得到读者的喜爱，是作家的幸福，此时此刻的我就浸泡在这样的幸福中。我觉得自己正在被你们如花的笑靥包裹着，被你们殷切的眼睛注视着，被你们滚烫的小手拉扯着，我生活在你们当中，有灵魂飞升的快乐。

能够拥有你们这样的读者，真好啊！

每一个孩子都是一枝含苞待放的花朵，每一个孩子都有一个等待飞翔的灵魂，每一个孩子的生命都是这世上尽善尽美的生命！

很想见见你们，请你们到我的家中做客。可是又想，其实不见面更好，在精神上彼此沟通，彼此分享，彼此遵守一方对另一方的承诺，是最高级别的相知和爱。如果有那么一天，在南京，在上海，在北京，在世界的某一角落里，一个年轻的男孩或女孩走上前来，拉住我的手说：蓓佳阿姨，我就是当年读过你的书的海门实验小学的某某某啊。想一想我会有多么惊喜！为了这一天，孩子们要努力啊！我们大家都要努力啊！

黄蓓佳

诗比节日更永恒

你看，所有的星星都在笑

是的，自从"小王子"来到这个世界，已经有无以计数的人谈论过他，并且还将不停地继续谈论。我们多半没有更新鲜、更深刻的见解，为什么也要加入这谈论的人群？有位译者说得好："我其实只希望有一个自己的版本，可以用自己的声音把这个故事再说一次，在静夜里，说给自己听。"

你是否也做好了准备，准备着，用自己的声音把这个故事再说一次，说给自己听？

"小王子"是个孩子

小王子是个孩子。

他安安静静地从一颗遥远的星球而来，又安安静静地向着那遥远的地方归去。

那颗遥远的星球叫作 B612 小行星，小王子是那儿唯一的居民。

小王子的星球真小，小到比一座房子大不了多少。他只要把椅子挪动几步，就能随时看到日落。而他打扫那三座火山，则好比捅炉子，其中一座活火山还能用来热早餐。

在那个星球上，生长着一种可怕的植物种子——猴面包树种子。它会占据整个星球，树根能把星球钻透。为此，小王子必须定时去拔除那些猴面包树的树苗。

最最重要的，小王子是个孩子。

孩子跟大人有不同吗？

那完全是两个不一样的世界，是两个完全不一样的星球。

小王子在星际间旅游，遇到的大人形形色色。国王、爱虚荣的人、酒鬼、商人、点灯人、地理学家，那样的生活不堪忍受。

"我到过一个行星，上面住着一个红脸先生。他从来没闻过一朵花。他从来没有望过一颗星星。他从来没有爱过一个人。除了做加法以外，他什么也没有做过。他整天跟你一样老是说：'我有重要的事，我是个严肃的人。'一脸的自命不凡。但他不算是个人，是个蘑菇。"这就是那位商人，整天忙得不可开交，甚至连抬头的时间都没有，只不过为了占有那些星星。

国王呢，只在乎他的权威。

爱虚荣的人，时刻等待着别人的欢呼。

听听小王子与地理学家的对话。"我还有一朵花儿。""我们是不记载花儿的。"地理学家说。"这是为什么？花儿是最美丽的东西！""因为花儿是短暂的。"

再听。一天，"我"修理发动机的时候，小王子问"我"花的刺有什么用。"我"实在不胜其烦，说："我有重要的事要做。"小王子很生气，激动地说："如果有人在亿万颗星星中，爱上其中一颗星星上面独一无二的一株花，他只要望一眼星空，就觉得他很幸福。他可以对自己说：'我的那朵花就在上面的一颗星星上……'如果羊吃掉了这花，对他来说，就像所有的星星一下子全都熄灭了！这难道也不重要吗？"

唉，孩子眼中的美丽与感情，在大人那儿竟这般毫无价值。

于是，有很多东西，大人再也无法看见。比如那幅蟒蛇图，比如箱子中的绵羊，比如生活中的欢笑与泪水。

尽管，所有的大人都曾经是孩子。可惜，只有很少的大人记得这一点。

大人真可怜！

小王子只是个孩子。

小王子永远是个孩子。

小王子就住在我们头顶的星空中，那颗微笑的星星里。

泪光映着沉思与欢笑

"本质用眼睛是看不见的，只有用心才能看清楚。"《小王子》这本书就是需要用心来阅读的。

故事从一开始，就让人百感交集。一幅蟒蛇图，大人却为何偏偏看不见？为什么他们总需要解释？如果你这般描述："一幢用红砖盖成的漂亮房子，它的窗前有天竺葵，屋顶上还有鸽子……"喜欢数字的大人是怎么也想象不出这房子有多美的。你必须说：我看见了一幢价值十万法郎的房子。那么他们就会惊叫起来：多么漂亮的房子啊！

你遇到过类似的情景吗？这是为什么呢？

有位商人推销精制的高效止渴丸，说每周吞服一丸，可以节约53分钟。小王子说："我如果有53分钟可支配，我就悠悠闲闲地向清泉走去……"

人们忙碌、追寻、绞尽脑汁，却偏偏忽略了享受星光、清泉和日常的平凡才是最为美丽的事。小王子，启迪着我们重新打量人生中的爱、美与诗意。

还有那只狐狸，那个唤醒小王子"驯养"的哲人。狐狸告诉他，也告诉我们，因为"建立信任"，所以彼此成为对方的唯一。"我倾听过她的牢骚和吹嘘，甚至有时我聆听她的沉默"，因此"我要对我的玫瑰负责"。其实，孩子们最为明白："他们为一个布娃娃花费很多时间，这个布娃娃就成了很重要的东西，如果有人夺走他们的布娃娃，他们就哭起来……"

信任，负责，"驯养"，这些我们快速行走时逐渐遗失的东西，在呼唤着我们去找回。

一本薄薄的书，总让我们思绪万千、浮想联翩。要知道，我们已经很少、很不习惯，也没有时间这样从从容容地去思考了。

有一天，孤独的小王子看了44次日落，我们无法知晓他内心的忧伤。令人欣慰的是，当我们悄悄心疼着他的时候，我们的思考已经出发了，就如去寻找那沙漠深处的一口井。

《小王子》是一首诗

《小王子》是一首诗。

"小王子"的故事就是一首诗。

浩瀚的撒哈拉大沙漠，"我"与小王子相遇。他来自一颗遥远的小星球。他游历太空，最后来到地球。他终于寻访到了苦苦追求的爱与责任。他想念他的玫瑰花，发现自己的玫瑰花才是永恒的唯一。

　　忧伤时他看日落，他为玫瑰的安全担心，他从狐狸那儿得到启发与慰藉，他为"我"和我们带来重新理解生活的方式……

　　所有这些，总是轻轻地拨动着我们，让我们的心为之一颤。

　　"小王子"的语言就是一首诗。

　　读一读吧——

　　"本质用眼睛是看不见的，只有用心才能看清楚。"

　　"一旦你驯养了我，这就会变得十分美妙。麦子的金黄色会使我想起你。而且，我甚至会爱上那风吹麦浪的声音……"

　　"一个人用心灵去看，才看得最清楚。最重要的东西，用眼睛是看不见的。"

　　"这朵玫瑰花，即使在小王子睡着了的时候，也像一盏灯一样在他身上闪耀着光辉……"

　　"在我还是个小男孩的时候，圣诞树的灯光，午夜弥撒的音乐，甜蜜的微笑，这一切都为我圣诞节得到的礼品添上幸福的光芒。"

　　"夜晚，当你望着天空的时候，你知道我就住在其中一颗星星上，我在那颗星星上笑着，那么对你来说，就好像所有的星星都在笑，你看到的是会笑的星星！"

　　还有很多很多。它们用最朴素的语言，道出了最珍贵的情感，道出了属于全人类的真义。

"小王子"的画面更是一首诗。

画面就在文字中。

听狐狸说着"爱上那风吹麦浪的声音",你的脑海是否浮现出层层麦浪,金黄一片?

听小王子说着"会笑的星星",你是否看到了静夜里,安谧星空中那颗闪亮的星星?

读着读着,你是否看见小王子那双澄澈、执着的眼睛?

当然,画面本就在"画面"里。

图文并茂是《小王子》的一大魅力。或许,你还未走进文字,书中的插图已经把你吸引。那个金发的孱弱男孩,已经先于文字来到你的眼前。与文字对照着看,抑或纯粹地赏观,都会有无尽的遐想。

就好比我,有时,明明什么也不想,却有一片金黄已经摇曳在心里。

2009 年 5 月

"诗比节日更永恒"

有一本图画书叫《田鼠阿佛》，是美国图画书大师李欧·李奥尼的杰作，我常常拿出来翻看，并且不厌其烦地推荐给朋友。

阿佛和其他四只田鼠和睦地住在一座古老的石墙里，离一个废弃的谷仓不远。冬天快要到了，田鼠们忙碌起来，忙着收集玉米、麦穗、坚果和干稻草。否则，那寒冷、漫长的冬天怎能度过？阿佛却例外，他有时呆呆地坐在那儿，凝视着大草原，有时又像做白日梦一般。他在干什么？田鼠们问他，后来甚至有了点责备的意思。听听阿佛的回答：

"我在为寒冷、阴暗的冬天收集阳光。"

"我在收集颜色，冬天总是灰灰的。"

"我正在收集字，冬天的日子又多又长，我们一定会找不到话说。"

仿佛天方夜谭。

冬天来了。大部分的坚果和梅子都被啃光了，稻草被用完了，玉米也只能在记忆中回味。可是，冬天还没有过去。石墙里很冷，谁也不想开口说话。灰暗的，不仅是外面的天，更是大家的心情。

阿佛出场了。"闭上你们的眼睛。"阿佛一边说，一边爬上一块大石头。他说要把阳光撒给大家，又说起各色的花朵叶子。仿佛有魔力一般，田鼠们觉得暖和多了，并且清清楚楚地看到所有的颜色，仿佛有人把颜色涂在他们的心头。

更为激动的是，阿佛清了清嗓子，大声诵读起来。

漫长的冬季，因为有了阿佛的诗，变得温暖、快乐、甜蜜。

每次翻看这个故事，脑海中就会想起一位老诗人的话："诗比节日更永恒。"心中常常感叹，小田鼠们的生活不就像我们的日子吗？我们当然需要勤勤恳恳，需要脚踏实地，需要备足玉米、坚果、麦穗和干稻草，但别忘了，还有一种生活，那里有阳光、颜色和字，那是诗的生活。拥有诗的生活的人，会在灰暗的日子看到阳光的明媚，会在冷风的刺骨中感受到春意的召唤。我们每天过着世俗生活的同时，别忘了，也要努力想想那诗的生活。

说到"诗"，这似乎是个既熟悉又陌生的字眼。自古以来，中国就是诗的国度，一部中华史就是一部诗史。诗的乳汁养育了我们的祖祖辈辈，我们的血管里滚烫着诗的脉流。

诗是人类的母语，是她最早把我们的心灵安抚。"不管是在人类的开端还是人类的目的地，诗都是人的女教师。"是诗，让我们亲近着趣味、审美、智慧和快乐。我们在诗的召唤下飞向远方，我们在诗的慰藉下获得力量，我们在诗的陪伴下"生活在别处"。

儿童更是诗的天使。儿童的生命是梦想的、象征的，每一个儿童都是一个充满活力与梦想的生命。诗就是儿童心灵的游戏，是精神的自由创造，是他们进入无拘无束的自由王国的方式。

一个人不一定要成为诗人，但他的生命中不可缺少了诗。科瓦列夫斯基卡娅说，不能在心灵上成为一个诗人，就不能成为一个数学家。

但是，当现代化凯歌阵阵响起的时候，曾经跟我们融为一体的诗正悄悄远离，有人甚至悲观地断言这是一个"诗死"的时代。我们果真从此拒绝这个人类数千年的梦？在物质利益得到满足后，我们果真不再需要"别处"的生活？

李欧·李奥尼说《田鼠阿佛》是他本人最喜欢的作品。他透露，阿佛就是儿时的他——总是不太在意别人眼中重要的事，而整天坐在一旁静静地冥想，做白日梦，独享心灵的美好。但愿，"独享心灵的美好"不会成为奢侈；但愿，"诗比节日更永恒"。

2013 年 7 月

也算月亮河边的故事

——童话《鼹鼠的月亮河》伴读手记

没有料到，原本以为并不很复杂的一件事，竟然从春天拖到了年末。事情杂多自然是一个原因，更主要的原因是，我对这部作品有一种虔诚，奢望着能在安静的心境、充裕的时间中开始自己的工作。

大概"世界读书日"的时候，接到江苏少儿出版社编辑陈文瑛女士的约请，希望合作设计王一梅童话的"导读本"，我当即愉快地应下了。想着后边还有个长长的暑假，时间应该绰绰有余。

记得2004年的秋天，在北京的中国现代文学馆，我第一次见到了王一梅，听到她的发言。就餐时与她邻座，加之基本属于同龄人，并且惊喜地发现彼此的老家竟然是长江下游直对着的两岸，于是对她留下了深刻的印象，回来即阅读她的获奖童话《鼹鼠的月亮河》。很快，我就被她纯净的风格吸引，整个童话就如月亮河一般流淌着脉脉温情。我很感慨，在当下热热闹闹的童话包围中，还有这么安静写作的年轻作家。随后，我便在学校向学生们推荐这部作品。

接受约请后，我开始断断续续地重新阅读作品。尽管内容早已熟悉，但在不断地重复阅读中，我竟然总有新的发现与体验，不时捕捉到先前阅读时未曾在意的微小细节。我想，对于类似的优秀作品，其间潜藏着诸多信息，真的需要有经验、有责任感的成人做一些必要的阅读提醒。

然而，我属于"有经验"的成人吗？

我去书城，去图书馆，收集、查看、比较、分析各出版社已出的"导读本"，我觉得，我们的"导读"不能辜负了作品本身的优秀。慢慢地，我在心中形成了自己的主张。

在这种见缝插针式的思考、设想中，会不时有新的点子产生，我常常在第一时间打电话给陈女士，总是得到她的认同。

有一回，看着面前摊开的书，眼前忽然出现了米加、尼里，他们就在远方的月亮河边低低絮语，场景朦胧而温馨。这启发我，可以将某个片段改编为剧本，让小读者们演一演。若有兴趣，小读者还可以仿照着改编其他章节。要知道，表演作品是国外学校做文学阅读经常采用的一种方式，那是阅读的身心合一。

还有一回，半夜躺在床上，怎么也睡不着，忽然就听到童话中流淌出抒情纯净的旋律，我猛然想到，这样一部美丽的童话其实是内心的歌唱，应该配上几支动听的歌曲。我甚至模模糊糊地有了歌词与旋律的印象。该邀请一位怎样的曲作者才能恰切地表现这种风格？立时，我的眼前闪出一个形象——南京军区前线文工团的著名歌手王达。那是2002年中央电视台第十届全国青年歌手电视大奖赛，"迷彩三人组"凭借一曲《思念袭来》获得金奖，歌曲传递的那种阳光下的娓娓倾诉打动了我。王达便是组合中的那个男歌手，也是那首歌曲的曲作者。我想象中的音乐形象正是那般的干净气质。我为自己的这个创意兴奋起来，以致睡过头差点误了前往上海的动车。路途中，打通陈女士的手机，我们又一次产生共鸣。辗转联系上王达时，他正在福建下部队演出。半个月后，他回到南京，我们有了一次愉快的商谈。那次的见面让我难以忘怀，他诉说他的音乐理想与军旅情怀，他倾听我的童话解读与音乐期待，最后，他拿着《鼹鼠的月亮河》说，他将用心阅读，用心创作。那个晚上，我读到了一位年轻音乐人对音乐品质的坚守，对美丽童话的敬重。感谢童话，让我又找到一位精神上的朋友。

随着工作的推进，我的疑虑也愈加增多。在儿童的阅读道路上，我们到底该扮演一个怎样的角色？贩卖评论家的研究成果？如先知般端出我们对作品的认识？进行道德上的升华引导？归根结底，阅读是一项个体性极强的活动，其效果取决于阅读者内化的程度。因此，儿童自身的阅读状态至关重要。当儿童真诚地热爱一部作品时，谁能说，他的阅读体认就不如成人？

想到这儿，我的心里反而释然了。我并不是儿童阅读的"指挥警察"，我是他们的一个友好读伴啊！我先于他们而读，我被这部作品深深打动，于是，我诚挚地向我的儿童朋友推荐。我把我的阅读感受说出来，以引起大家更深入的思考，更热烈的讨论。我根据这部作品的特点，为大家提供一些阅读的建议，我努力设计一些有意思（注意，是"有意思"）的话题与活动，希望大家的阅读更有意思。因为书与书是不一样的，有的书不过是你身旁的过客，有的书却值得你深情眷顾。我用这样一种方式，帮助他们交上一位书朋友。

这样一想，我们的这种尝试该命名"伴读"才是！我陪伴着你阅读，你和爸爸妈妈、老师伙伴，也是在互相陪伴着阅读。这样的阅读多温馨，多自由，多从容。当然，在这一点上，我与陈女士又一次获得了共识。我们的工作顿时轻松愉悦、柳暗花明。

然后呢？然后就有了这本书。再然后呢？再然后就有了我写的这个不算故事的故事。

当我敲完以上文字，回头看，却发现这些文字似乎是写给阅读这本书的大人看的。不过，我努力写得让小读者们也能大致看得明白。

2010 年 2 月

一个孩子哭着在找回家的路

——童话《木偶的森林》伴读手记

昨天晚上，靠在床头，看王一梅的长篇小说《城市的眼睛》，谁知，一翻便不可收，我被作品中人物起伏的命运与讲究的语言表现打动了，一口气看到半夜。看完了还觉得不过瘾，又随手翻起已经看过 N 遍的《木偶的森林》，也不知道什么时候睡着了。

迷迷糊糊中，好友 G 约我去某处谈事。明明熟悉的地盘，却怎么都找不着路。昏天黑地里左冲右突，来到有点亮光的空地，逮住一个看起来面善的中年男人问路。中年男人说，你要去的地方，正有一个孩子哭着在找回家的路。

猛然醒来，却是南柯一梦。

一个孩子，哭着在找回家的路。回味着这句话，看看枕边，《木偶的森林》《城市的眼睛》静静地躺在那儿，一个个人物又浮现眼前。

最早知道《木偶的森林》，源于朱自强教授的书评《寻找家园》，但很长时间并未阅读。朱先生是我十分敬重的学者，王一梅又是我欣赏的作家，她的《鼹鼠的月亮河》是深受我喜爱的原创童话。正因为这些，便莫名地有着某种担忧，唯恐阅读后反倒消解了心中的高期待。这么说，自然不是怀疑作品的品质——我信任朱先生的眼光与良知。我是担心自己与作品不能产生共鸣，无端平添一份遗憾。这样的经历其实很多，不少颇受好评的作品，自己读后却找不到感觉。并非作品出了问题，我也固执地不愿承认自己的阅读水准发生了偏差，原因大概是两者间的频率存在着错位。

那么，《木偶的森林》又跳动着怎样的频率呢？

一路阅读，我一路牵挂着小熊白黑黑的遭遇，而让我为之震动的，却是木偶人罗里的悲欢离合。他被迫离开了家园，离开了自己的树墩，开始一场疯狂的复仇。他无情、冷酷，令人不解而恐惧。其实，他的冰冷外表里包裹着一颗受伤的心，他是十足的应该被同情的受害者。好在，宽容的阳光终于化开了心中的坚冰，他开始了寻找之旅。令人感动的是，岁月流逝，树墩抵制着各种诱惑，坚定着心中的信念，等待着罗里的回来，一直默默地守候着、期盼着。因为，"如果哪天橡树罗里回到这里来，他会找不到自己曾经生长过的地方，他会伤心的"。正是这种感情的力量和责任的担当，使得树墩对自己的等待拥有足够的信心。

作品中充满了隐喻，出走与回家，变化与专一，对爱心的执守，对田园的追寻，无不耐人寻味。读着这样的作品，目光变得纯净，心地变得宁静。

《木偶的森林》赢得了成人，能同时"粘"住儿童吗？对此我毫不怀疑。因为作品还拥有最有力的招数——曲折离奇的情节。可以说，对情节的探究是儿童的文学阅读的最大动力，阅读即是他们的一种纸上精神游戏。童话中，人物的命运跌宕起伏，情节环环相扣又难以预测，这种陌生化的故事发展怕只会让他们欲罢不能。

于是，灵魂的洗涤、思想的风暴、语言的吸纳，才有了可能。

真正的童话，经得住儿童视角与成人视角的双重审视。我以为，《木偶的森林》就是这样的童话。

一个孩子，哭着，在找回家的路。

我忽然觉得，这难道不也是儿童阅读的一种隐喻？

我常常追问自己，儿童到底需要怎样的阅读生活？作为儿童的"重要他人"，我们该承受怎样的担当？

今天的世界五光十色，儿童们的阅读口味自当丰富多元。但是，当那些无厘头式的搞笑读物放松了他们的神经后，他们是否还应该（或者说"更应该"）享受另一种纯正深远的阅读体验？因为他们是儿童，正开始描画生命的蓝图，最初的底色将是他们今后回返的精神故乡。

在当下快餐式、物质化的环境中，这种"纯正深远"很可能不被儿童自觉发现，于是，我们这些童心尚未泯灭的成年人开始了童年"伴读"。

首先，"伴读"不是附庸，不是被动，不是跟随。"伴读"是把儿童不曾知道和留意的"优秀"艺术地摆到他们的跟前，帮助他们的眼睛看到另一片景致，进而与他们一起全身心地赏玩，让他们在不知不觉间培养起一种阅读趣味。

其次，"伴读"绝不意味着结论的"告诉"，相反，我们努力追求"打开"的艺术，打开一扇窗，鼓励儿童自己去体验，去思考，去发现。我们，则是他们懈怠时的提醒者，满足时的分享者，发现时的鼓励者，宣泄时的倾听者。

于是，我们"伴读"出了"静悄悄"。当下的童年过于忙碌、恐慌，我们期望通过读书使他们安静一点。"优秀"需要小心翼翼地找寻，儿童的体验、思考、发现，需要"静悄悄地阅读"。我们在文字中倾听"柳树梳头的声音""一大群小蚂蚁跑步的声音""雪花飘落的声音"……只有沉潜入境，才能感受细腻、准确与个性，才能体悟作品的情感意趣，乘着"静悄悄"的舟船才会捕获内心的波澜荡漾。反复揣摩，更会读出情节之外的情感，情感表达的语言……

于是，我们"伴读"出了一大群"优秀"。希腊著名女诗人雷纳·卡萨奥斯说，书是黑暗中的萤火虫。"它们闪烁着，就像一些永恒的价值在闪光：爱，善，自由，美，温柔，正义，它们给生活以深刻的内涵，给我们匆匆而过的人生以意义。"儿童们在好的作品里走得很远很远，内心就像蓝天一般澄澈明亮。他们爱上了阅读，书包里放一本，书桌上摆一本，小手中捧一本，就安了心。捧起书，就好比回到了家。

我们呢，也是。

2010 年 2 月

童话的心跳

——阅读童话《追踪小绿人》

　　我笃信安徒生的话："孩子们会更喜欢我童话的故事，成人则对我蕴藏于其中的思想发生兴趣。"翻开金波先生的童话"小绿人"时，我便做好了寻觅"思想"的预备。

　　是作者一贯的风格，或者说美学追求：是童话，也是诗。这么说，并非因为作品中不时蹦出的小诗短章，更因为我阅读时弥漫心头的一种体验。

　　当不得不随着故事的结束抬眼望一望前方的时候，我并不愿抽象出故事的梗概。是无意的，也是刻意的。

　　对于这样一部作品，如果你硬要去追问它的前因后果，那就好比面对一张风干的叶片，你只看到它的筋脉走向，却无法领略曾经涌动的生命。就好比故事中小晓带着小叶子走过的那七座桥。你一路读一路走，你心头的脚步也不由随着那两个青梅竹马的孩子噔噔噔地迈开了。

　　那是在小晓的梦里出现的地方，小晓的梦都是真实的。可是，我们还有多少人相信梦、拥有梦？

真是七座特别的桥。红色、橙色、金色、绿色（柳树桥）、天青色、蓝色、紫色，不就是如梦如幻的彩虹吗？在我们很小很小的时候，我们单纯的心灵不就那么热切地向往过？"别忘了那是你梦中的家，那是你温暖安宁的怀抱。"正像歌中追问的："你何时再来？何时再来？"我们是否还能找到归去的路？

神秘女孩小晓是个小绿人。小绿人游走在绿叶鲜花间。小叶子用美妙的歌声感动了他们，获得了他们的信任，他们从山楂树摇动的绿叶中走了出来。形体的大小又有什么关系，彼此的真诚才是关键。可是，这一场相遇相知竟如此艰难，小绿人的家在哪里？

孩子们喜欢追问，这个世界真有小绿人吗？其实，我们不就像小绿人？我们呼唤真爱，呼唤友谊，呼唤自由，谁来给我们营建一个这样的家？

也许，生命就是在这样的努力中蓬勃的吧。那个热爱音乐的宫爷爷执意变成了小绿人，生命的最后，他成了一棵树，树也有了心跳，于是获得了另一种存在。读到这儿，我的视线不禁转向窗外，梧桐的树叶正在空中曼舞。它，是否也有心跳？

倾听花朵，倾听泉水，倾听蚯蚓，倾听冬雪，倾听生命的歌唱，世界的美好需要我们发现、创造、尊重，这正是呵护我们自己。

我就这样经历着一次奇异的阅读，既想一气呵成，又想爱怜地一点一点翻看。

我是个成人，但这回，我像个孩子一样，更喜欢上了童话的故事。我的心，与童话一起跳。

我该失落还是庆幸？

2010 年 11 月

爱的力量

——读《谁来到了空房子》

爱的力量有多大?

如果有人这么问,那真是很难回答。虽说爱无处不在,但怎么可能量化?

不过,如果你阅读了故事《谁来到了空房子》,这个问题或许不再难。

开始的情节很单纯。暴风雨要来了,狐狸三姐妹停止游戏,先后回到家。正烤火的时候,听到了敲门声。姐姐金铃有经验一些,悄悄从门缝往外察看,却看见一个陌生的大块头。读到这儿,让人忍不住想起那个著名的《小兔子乖乖》的故事。当然,这不是小兔子乖乖,是小狐狸金铃。

三姐妹在屋里屏息静气。问题接踵而来,最小的小铃总是哼哼唧唧地闹,不肯入睡。因为小铃只有摸着小毛毯才能睡,而小毛毯落在江边的空房子里了。

去,还是不去?看着外面的黑暗,想着刚才神秘大块头的敲门声，金铃的心中肯定有过犹豫，说到底，她也还是个孩子。但是，对小妹的关爱让此刻的她一定具有了一种母亲般的情怀，于是，出现了两次战胜恐惧的取毛毯行动。特别是第二次，明知大块头的存在，仍决意"虎口"冒险，那是一份怎样的姐妹情！

正是前面的极力渲染，使得后来金铃的取舍格外具有力量。经历如此艰难，就在毛毯唾手可得时，她却放弃了，因为"担心拿走小毛毯的话，他会不会冻死掉"。要知道，金铃帮助的对象，是给自己带来巨大恐惧的大块头。这是一个重要的价值取向，此刻亲疏关系退到其次，首先考虑的是需要程度。这在一个孩子来说是十分难得的，同时又是未来公民应该具备的。

作者讲述故事的方式很巧妙，每一个环节丝丝入扣，会唤起孩子连续阅读的欲望。故事中充满着一系列的"意外"：傍晚雨中出现敲门声、金铃在空房子与大块头相遇、大块头生病，乃至最后抖出的大"包袱"——原来大块头是獾妈妈。追求情节是儿童阅读的一大特点，如果节奏缓慢，故事发展缺少变化，是很难吸引他们的。再设想，如果开始即以作者的口气交代大块头是獾妈妈，那整个故事就失去了不断推进的悬念诱惑。

同样有味道的是作家讲述的语言。我以为作家采用的是儿童的诗化语言，体现在形象感与节奏性两个方面。譬如"金铃走到窗前，悄悄地从窗户往里看。谁知里面正有一双巨大的眼睛往外看""风摇草丛呼啦啦响，就像谁在后面拼命撵"，这样的文字能马上唤起读者的想象，让人感同身受。整个故事采取类似诗歌的分行排列形式，多以短句呈现，不断地运用拟声词与语气词，节奏明快，适合大声诵读。

用整个身心读这样的故事，它会告诉我们，爱的力量到底有多大。

（附:《谁来到了空房子》，黄善美文，金钟棹图，叶子译，中国少年儿童出版社 2011 年 1 月第 1 版。）

2010 年 8 月

精致里的"小"与"大"

——读雪野先生微童话集

雪野先生的这组微童话写得精致，赏读时，我的脑海中很自然地浮现一对看似矛盾实则相关联的词："小"与"大"。

"小"，显而易见，首先指篇幅的短小，也是微童话这一新兴文体最外显的特质。

"小"，更指选材构思的精巧。作者深谙微童话文体表现力之优势与不足，作品着眼的，都是想象世界里的一朵小浪花、一片小花瓣、一阵微风儿、一珠小水滴，试图引发的读者反应，我相信也是一种触动、一个微笑、一下点头。像和风吹过湖面，漾起轻轻的涟漪。不似惊涛雄阔，却自有一番风情。

作者笔下的微童话，不少与事物固有的某些属性相关，这是获得童话情趣的重要原因。《雨点》中，作者用明快的笔触，描写雨点高空跳水的情景，最后说"满头满脸都是它们的口水"，不由让人会心一笑。《螃蟹为啥侧着身子走》《云孩子》《给你起名眯眯笑》，都是让童话发生在事物的真实物性上，给读者亦真亦幻的审美体验。

"小"，还体现于童话语言的精当。雪野的语言简洁，明快，富于动感。他很少用长句，连形容词都鲜用。"水井里，住着一只青蛙，年纪有多大？谁也不知道。"（《给你起名眯眯笑》）"平底靴子，外边印着小草和野花，穿着它走路，一定会像走在花园里。"（《蜜》）这样的语言更适合诵读，使得故事美与声音的音韵美交织相融。

再说"大"。我以为，这最突出地体现在作品给予读者的想象空间上。

童话的生命在幻想，在于给读者带来惊异新奇的阅读体验。微童话写出大想象，这当然是个大挑战，但雪野先生在用心尝试。

这种"空间"表现在作品所传递的人性的真善美上。《花香》写熊娃将花香装起来，因为他"好想爷爷奶奶"。叙述仿佛引子，引发我们的联想：爷爷奶奶拿到礼物该如何地惊喜，多么幸福的天伦之乐。

这种"空间"更表现在作品所传递的文学韵味上。《你一定看到》，全文不是直白地道出主人公与事件，而采用第二人称的诉说式，最后说"不，不是的，蜜蜂只带走了我的寂寞"，让人咀嚼，余味袅袅。《丝瓜藤椅》更着眼于意境的营造，安宁、恬静，仿佛一支小夜曲，就如文末所写的："风在一边静静地坐着，细细地听……"

这种"空间"还表现在作品的整体编排上。不知作者是否有意为之，这组作品中，涉及"熊"的竟有8篇之多。如果一个作品是一个棱角，8个作品就组成了立体的形象。放在一起，阅读、比较、联想，既有情趣，还丰满了童话形象。

雪野是诗人，他写微童话，注定带有诗的基因。这"小"与"大"，或许也是因"诗"而来。

（附：《会写字的轮船》，雪野著，南方日报出版社 2013 年 7 月第 1 版。）

2013 年 3 月

一首哈哈童年诗

——我读《餐馆小妖怪阿奇》系列

如果，"砰"的一声，门被踢开，却不见人影；如果，厨师的帽子和衣服在那里晃来晃去，菜刀自己在切洋葱头；如果……你可一定不要惊慌，没什么大事，只不过是阿奇又在捣鼓他的把戏了。

阿奇是谁？阿奇是个小妖怪。他就住在城里最高级的云雀餐馆的阁楼上。准确地说，是住在"餐馆小妖怪阿奇"系列童话里。这个系列童话包括《种出来的意大利面条》《可怕的咖喱饭》《好玩儿的比萨饼》《圣诞老人你别走》《我要当明星厨师》《会变形的汉堡包》等。

中国传统民间故事中，妖怪的形象多半狰狞恐怖，让人闻风而逃。这个系列童话里的小妖怪却不一样，他也会飞行，会隐身，会变形，可我读来读去，分明读出了一个十足的小孩形象，顽皮、淘气、天真，还很可爱，让人一边摇头叹气，一边又忍不住想亲一口。

就说《可怕的咖喱饭》这个故事吧。双胞胎小老鼠启启和吉吉是新搬来的邻居，他们不但没有很礼貌地招呼阿奇，还淘气地跟他开玩笑。阿奇很生气，大声吓唬他们。谁料启启和吉吉一点儿也不害怕，反倒开心地招着手说："多可爱的小妖怪啊，我们还会来找你玩儿的！"这让阿奇十分沮丧，他迫切地希望自己能够变得可怕起来。在与好朋友的交谈中，他知道了吃特别辣的咖喱饭就会变得可怕，于是开始了行动，果真成了一个特别可怕的妖怪。

你看，这就是标准的顽童形象。儿童与他人发生矛盾冲突时，常常做出夸张的狰狞面目试图击败对手。他们阅读这样的作品，会体会到自我精神的投射，找到合拍跳动的共鸣感觉。这便是"无意思之意思"。

阅读这样的故事，你几乎感觉不到作家的存在，她已经退隐到一个不被人关注的角落，而只让小妖怪和他的那些朋友欢蹦乱跳。

再看作家的叙事，看似随意，实则精心。仍以上面这个故事为例。在阿奇胸有成竹地以为能吓坏双胞胎老鼠时，没料到各自都被对方吓坏了。原来，阿奇跟朋友的对话一开始就被隔壁的小老鼠听去了，他们也学阿奇，吃了很多特别特别辣的咖喱饭，也有了一张吓死人的鬼脸。

这样的情节设计奇峰突起，出人意料，很符合儿童喜欢新鲜刺激的阅读心理。

所有这些，恰可从中看出作家对这种童年状态的欣赏，认为即便恶作剧也是童年的可爱表情。这时候，儿童最具自由、最具活力，无拘无束而朝气蓬勃，难怪老子说"复归于婴儿"，主张回归人自身的自然。当然，这种自然并非无序的信马由缰，而是体现自然自身的秩序。当双方互为惊吓后，都哭了起来。"哭的时候，可怕的脸变了，又变回原来可爱的样子。"原来，一切的可怕都只是儿童的游戏而已。

反复性结构也是作品叙事的一大特点。为使自己变得可怕，奇奇不断给自己做辣咖喱饭吃。四段基本相似的情节，作家却写得极富动感且有变化："嘴巴噘了起来，脸看上去也有点儿可怕了。""辣得鼻尖直摇晃，脸也变得更可怕。""辣得头发都竖起来了。""它的嘴巴高高地噘上去，鼻尖使劲儿摇晃着，头上的毛毛都竖了起来。在它的嘴巴里边，舌头'噼里啪啦''嗒嗒嗒嗒'地跳起舞来。"

正如吴其南先生在《童话的诗学》中所说："反复是一种强调，它使某种凝定的模式更为牢固，更易于辨认。""反复也起一种节奏上的调节作用。当同一作品由几个相同的情节构成时，作品便变得节奏清晰和富有韵律感。但反复也不是完全的重复，每一次反复中常常都加入新的内容，这样，反复中也就包含了递进。"

引用吴先生的论述是为了说明这个童话自身的叙事特点，而当我们从接受者的角度观察，就会从另一个角度领会作家这一叙事方式与儿童阅读心理的恰切匹配。这个系列童话的读者群定位在小学低年段儿童，这一时期儿童处于转换阅读期，正由图画书阅读向文字书阅读过渡，阅读心理上还承袭着幼儿期经验，喜欢具有重复性情节的故事。

还不得不提及的是作品的语言。我不知道作家的原文（日文）风格是怎样的，老作家孙幼军与另一译者张红兵的译笔呈现的是一种诗性的光辉，将童年思维与诗性表述巧妙地结为一体。最典型的要数《种出来的意大利面条》了。阿奇一次次吓唬小姑娘，小姑娘却一次次产生奇妙的联想：

"今天真奇怪，楼梯也打嗝儿。"

"哇，番茄汁在笑哩！"

"准是阁楼上的小老鼠在吹口哨。吹得多差劲哪！"

"小老鼠，对不起啦，你就是哭，我也听不见了。"

"是天花板在淌眼泪吧？要不就是它流的口水！"

都说儿童天生是诗人，确乎如此，既指思维，亦指语言。

听，阿奇又在那儿"哈哈哈"了。

2010 年 2 月

星星听得到

——读余雷的抒情童话

　　一直知道余雷很会写，那种刀光剑影的侠客文学与她成天乐呵呵的模样及侠肝义胆的为人十分般配，却不知她的文字还有另一番面貌，将丰富、深远又细腻的感情如春雨般密密编织成一个个余味无穷的故事，堪比那一低头最温柔的女儿心。

　　这么说，是因为最近读到了她创作的一组唯美诗意的抒情童话。那一个个故事犹如叮咚歌唱的溪流，轻快地欢跳奔走，阳光下的簇簇浪花碎银一般泛着光芒，不经意间偶尔也会溅起老高，让你一阵惊吓，倒更增添一番情趣。

　　你不得不感叹，余雷是个故事高手，我们读到的每一个作品都有曲折离奇的情节。读者是情节的俘虏，你会不由自主地身陷其中，一睹为快。比如，一条叫想想的小鱼日夜牵挂的是见到那一阵风，为的是听他讲完那个故事。可是，风行踪不定，想想即便匆匆得见，也得匆匆告别，风讲的那个故事后来到底怎么样了呢？想想每天都盼着、想着。(《风的名字叫后来》)再比如，青蛙跳跳鱼喜欢上了一条小红鱼，为了向对方表达自己的感情，每次都变换不同的鞋，有时是杨树叶，有时是红枫叶，有时又是蒲公英叶。可是有一天，他遇到了一条大黑鱼，在生命攸关的时刻，他竟然想出了让大黑鱼做自己鞋子的念头。(《跳跳鱼的鞋》) 还有最后一只野生兔的遭遇，那爱做梦的云……你当然知道这是作家的奇思妙想，可仍会忍不住心潮起伏，随人物的命运喜乐哀忧。这些情节的展开也相当"艺术"，总有一个个疑团在前面等待，成为吸引你不断阅读的动力。那条叫想想的小鱼，她在急切地等候谁？风给她讲了个什么故事，让她如此难以割舍？故事后面是怎样的？她能再次遇到去留不定的风吗？……故事一旦使读者产生这样的阅读期待，至少叙事上已经成功了。

　　读完故事，合上书本，情节渐渐淡去，这时，你会发现脑中已留下一个个鲜明的场景，有色彩，有声音，有形象，俨然美丽的童话意境。我发现余雷似乎很是钟爱波光水影，她笔下的童话很多都发生在那个粼粼的世界。小鱼儿想想一次次透出水面等候着那叫后来的风；小青蛙跳跳鱼费尽心思换着新鞋相会心爱的红色小鱼；青蛙呱呱叫与蒲公英的邂逅也在水面之上；就连青色的翅膀告诉云朵绿的那个承诺，也是把一封信送到大海边。这让人不得不有一个猜测，作家是否以此隐喻着什么？是否以水的清纯明净呼唤着人性的至真至美？这样，童话意境已经不仅是故事发生的物理环境，更寄托着对情思意趣的追求。

　　这组童话里，每一篇都塑造了丰满可感的童话形象，那些主人公的热切向往与执着追求直抵人心。有对感情的渴望，有对自我的追寻，有对价值的认定，有对梦想的求索，有对人性的呼唤，这些人类的普遍真理，通过童话形象的一系列遭遇，得到了自然巧妙的体现。

有一个现象值得关注，作家塑造的这些童话形象外表都很柔弱，无论是一条鱼、一只小青蛙，还是野兔、母鸡，乃至天上的一片云，似乎都不堪一击。于是，作家精心构思，分别让他们与一个个"大"和"强"相遇，这是强弱极不对称的搏击。但是，在坚韧内心的支撑下，强弱最终发生反转，柔弱者获得了胜利。跳跳鱼为了心爱的小红鱼的欢欣，毅然决定以生命换取大黑鱼做自己鞋子的机会，这让人想起名句"生命诚可贵，爱情价更高"。母鸡哒丽身世坎坷辛酸，经历地震，被送进养鸡场，剪去一半嘴喙，遭遇同伴欺负。即便这样，她仍"仔细地梳理自己的羽毛"，"哒丽的每片羽毛顶端有一圈微微闪亮的深栗色花纹，这让哒丽看上去像披了一件华贵的外套"。在坎坷的命运面前保持一份优雅，这是怎样的一种坚定！这注定不是一只一般的母鸡。后来，她意外地遇到芦花鸡，一起唱起古老的情歌。谁知，她又被关进铁丝笼。这时，她产生了一个念头：留下一个鸡蛋，孵出一只小鸡。为了实现这个愿望，她决定磨掉屁股上的羽毛。一根根带血的羽毛在决绝、凄婉的歌声中飘落。为了心中的信念，她毅然毁掉自己的美丽。这是真正的高贵！作家运用这种几乎惊心动魄的对比，让童话的形象不仅诉诸文字，更走进读者的心中。

这组童话给我的另一个阅读印象，是典型地显现出女性作家的话语风格，精练的语言与细腻的描写让作品顾盼生辉。她的语言不事奢华，都是最普通的语句，与白描的手法一道，呈现出水墨画般的格调：

想想憋不住了。

"啊——嚏！"

这个憋得太久的喷嚏重重地砸在水面上，水波像一朵硕大的花在目瞪口呆的想想面前慢慢绽开来。

"完了，今天又没希望了。"想想沮丧地摇摇尾巴，向深水处游去。

——《风的名字叫后来》

起风了。

水面的波纹成群结队，一拨接一拨向岸边涌去。

湖岸边的杨树上落下几片树叶，边缘有些发黄的一片被水波一荡，向湖中央漂去。就在杨树叶离开湖岸的一刹那，一只纽扣大小的青蛙跃上了树叶。

——《跳跳鱼的鞋》

简洁灵动，形象毕现。

余雷的语言节奏明快，绝不拖泥带水，在描写的同时，常常交代了情节的发展，看这段：

"小心！"跳跳鱼猛地站了起来。

"哦，知道了。"红色小鱼扭了扭尾巴，身子向下一沉，草棍从她的头上漂走了。

跳跳鱼长出了一口气："没有被吓着吧？"

——《跳跳鱼的鞋》

对话加上准确的动作描写，使得情景充满动感。《我来给你做花盆》更绝，开篇即是一组对话，犹如电影中的人物对白，你来我往几个回合，已给故事定下了基调。

我猜测，余雷是努力用最平常的语言写出生动、写出趣味、写出想象、写出感情，就像跳跳鱼请求阿九的话——"告诉我怎么让眼睛滴水"。"让眼睛滴水"，多么平常，但要真正说得出写得出，除了孩子，成年人很难！

《风的名字叫后来》中，最后想想说："星星听得到，他们永远都在那里。"余雷的童话，星星听得到。

2012 年 2 月

那些文字，那些故事

　　曾经不止一次地设想，假如我的童年没有遇到那些文字，假如我的童年没有遇到那些故事，那么，现在的"我"又该是一个怎样的"我"？

　　每每此时，我就会看见远方一个小小的"我"：坐在矮凳上，靠在门框边，夕阳的余晖洒在小小的身上，手中捧着一本薄薄的书。那本薄薄的书中自然有着那些特别的文字、特别的故事。看着那些文字，读着那些故事，那个"我"有时候会"嘿嘿嘿嘿"地笑出声来，有时候又会情不自禁地一声叹息。就像一幅剪影，这样的画面连同那些文字、那些故事，一同定格在了我的记忆里。

　　那个时候的我，还在上小学，正是一个连睡觉都在闹腾的年龄。

　　我相信冥冥之中存在着某种缘分。一个平凡得没有任何特征的日子，我随手翻阅一本杂志，在密密麻麻的文字中随意穿行。不经意间，我发现了一股特别的气息，于是难得地安安静静地一路读了下去。我小小的心中满是惊讶：文字竟然也可以组合得这般"抓人"，故事里竟然也有着跟游戏一样的乐趣！

　　《小王子》中说：仪式"就是使某一天不同于其他日子，某一钟点不同于其他时间"。那一天，那一刻，就是我生命里的一个"仪式"，因为，我与那些文字相遇了。

那本刊物一个月出一期，从此，我小小的心开始了想念，开始了盼望，开始了牵挂。每当新一期刊物到手，我便急急翻找"那些文字"，就像去相会一个熟识的老朋友。文字还是熟悉的气息，故事却总有不一样的趣味，我常常读得忘记了时间，忘记了吃饭，忘记了自己。

当然，失落也随之而来。因为，并不是每一期刊物都会出现那些文字。不甘心地一遍遍、一页页寻找，当满满一个月的期待化为泡影的时候，无奈，只得再次打开已经读过好多遍的"那些文字"。同时，在心里暗暗祈祷：下个月，新的"那些文字"一定要到来！

那些文字给我带来过多少欢乐。《邮票事件》的故事读完了，笑声还在继续。那些故事伴着满纸笑声回荡在我的记忆中。

那些文字给我带来过多少感动。那些文字从来都是真诚地讲述，就好像一个大姐姐牵着你的手，在跟你娓娓而谈，那些话语直往你的心里钻。于是，那块淡绿色的小草模糊了你的眼睛，你忍不住也在心里一遍遍地喊着"妈妈"。

那些文字给我带来过多少启迪。有一天，我突然发现，故事结束了，可文字里似乎还藏着什么东西，叫人忍不住地想啊想。那个老人，那座雕塑；什么是生，什么是死？似乎全都明白，却又朦朦胧胧的。就好比神秘的夜空，所有的星星都在向着你微笑，感觉好温暖。

我把住着那些文字的刊物小小心心地码在一起，小小心心地爱护着它们，看到它们，心中就无比满足。

就这样，我在那些文字的陪伴下长大了。长大后的我，成了一名语文教师。

我仍时时记起那些文字，于是忍不住地还要时时翻看那些文字。我觉得，那些文字还是那样或俏皮，或动人，或意味深长，长大后的我还是那样喜欢它们。好像并没有刻意地计划，我开始把"那些文字"介绍给班上的学生们。那座"白色的塔"是"白色"的吗？还能将那枚丢弃的贝壳找回吗？那些十几年前的故事仿佛就是今天写就的，今天的小读者一样被吸引了。看着他们，我似乎看到了当年的自己。

班上的小顾同学说："白塔对他们来说，是那么神奇，妙不可言。'络腮胡子'的出现是那么突然，让我们始料不及。他是平凡的英雄。当听到他将那辆油箱着火的车开走时，我们的心都碎了。"

看，我的"那些文字"也可以是今天小读者的"那些文字"。很多东西在日新月异地变化，但也有很多东西是永恒的，譬如"那些文字"带来的笑声、感动与启迪。

我们在"那些文字"中一同长大。"那些文字"陪伴了过去的童年，也陪伴着今天的童年。

你想拥有"那些文字"的陪伴吗？

那么，请打开书吧！

2009 年 1 月

我当“故事叔叔”

上海儿童博物馆新馆落成，特别新设了儿童阅读馆，邀请梅子涵老师主持，于是，我们这些梅氏弟子便义不容辞地成了阅读馆的“讲师”。

接到任务，心里就一直打鼓。平时大多跟小学高年级的孩子打交道，这回的对象是幼儿园小朋友，我心中没一点儿底。但是自己毕竟具有一定的教学经历，对现场的把握以及讲述的设计还是有一定信心的。

首先确定故事内容。原本选择的是图画书《三个强盗》，梅老师认为这个故事更适合小学生，对幼儿有些难度，于是换成了《东方娃娃》绘本版的《床底下》。

床底下有臭虫、怪物、一条龙、一只鳄鱼，他们吃着午夜大餐。床底下还有懒洋洋的灰熊，还有别的东西——他比马棚的门还要大——一个可怕的、毛茸茸的东西，他张着大嘴，露出锋利的牙齿，挥舞着吓人的爪子。

为什么这些怪物被吓得四散逃走？那是因为他们看到了床上的你！

这是一本帮助胆小孩子稀释恐惧的图画书，笔调轻松风趣，还带点儿调侃：孩子，不要害怕。无论何时，作为人的你才是最勇敢、最强大的！

周五晚上，我开始坐下来整理思路。分析自己的优势与不足，再结合故事特点，我决定这次的讲故事要在以下几方面加以重视。

缩短心理距离，加强亲和力。女性跟孩子似乎有一种天然的亲和力，我曾经观摩过幼儿园老师的教学以及我国台湾故事妈妈的表演，她们夸张的语言、表情甚至肢体动作能让孩子马上产生认同感，但这些显然是我这样性格的男性所不能仿效的。融洽的关系是保证故事讲述效果的前提，我设想，一方面突显我作为"故事叔叔"的新奇性，另一方面在互动中最大限度地给予肯定赞扬，让他们享受成功体验，应该会在较短时间内获得他们的接纳。

让讲故事成为一个综合体验的文学启蒙行动。讲述时，如果仅仅是纯粹地告知情节，孩子就会基本处于被动接收的状态。我认为应该放大（其实是充分彰显）故事的效应，将讲述、聆听的过程发展成孩子综合体验、想象的过程。同时，丰富的画面又在用另一种语言诉说着趣味，对线条、形状、色彩的观察也是讲述中不可或缺的。由听故事爱上文学，这是多么美好的播种！于是，双向互动与孩子的角色认同成了我设计的重点。

让听故事成为获得素养发展的过程。讲述以语言为主要方式，在主动性聆听中，孩子固然在情感、态度、智力等方面得到滋养，但我想，其中最为显性的应该体现在语言方面。首先是教师的语言示范。我力求自己的语言注意到儿童化、文学化和规范性。其次，大概身为语文教师的缘故，我很快发现了故事文本中的几处语言训练点，比如怪物们"啃"面包的"啃"，描写动物们逃跑时的不同动词（龙——飞；鳄鱼——爬；灰熊——跳）。当然，这些词语意义的获得不能依赖简单地讲解，而要依据幼儿心理采取相应的方式。再者，以画面为支撑，组织孩子适当描述或提供句式复述，也有助于发展他们语言的流畅性。要注意的是，所有这些都不应刻意而为，不应破坏故事的连贯性与趣味性，要融合在故事的推进中，在孩子主动快乐的参与中自然实现。

在这样的理念指导下，我比较快捷地完成了讲述设计。

第二天上午九点半，我到达了位于宋园路上的儿童博物馆。不知怎么，一想到即将面对的小小孩子，我竟然有些忐忑。

孩子们在爸爸妈妈的陪同下，陆陆续续进来了。大多是幼儿园中、大班的孩子，最小的才两岁。刚开始，工作人员说今天孩子可能不多，谁料没多久，家长朋友和小朋友已经将不大的阅读室坐满了，有几个人只得站在门口。

"小朋友们好，欢迎你们来听故事！我想，以前，给你们讲故事的可能大多是故事姐姐、故事阿姨或者故事奶奶。今天不一样，来了个故事叔叔，你们欢迎吗？"孩子们都笑了，有的拍起了巴掌。几位妈妈还连忙教自己孩子说"欢迎欢迎"。现场气氛一下轻松了许多。

"故事叔叔想问问小朋友，你们有晚上一个人睡觉的吗？"只举起寥寥一只男孩的手，我夸他是小小男子汉。我问他们为什么不敢一个人睡觉，一个小女孩怯生生地说："我怕有妖怪。"惹起现场一片笑声。我们的故事就在笑声中开始了。

随着故事讲述过程中组织的互动活动的开展，我不断奖励孩子

"大拇指"，夸奖他们是"小博士"，激起了他们的参与积极性。当图画翻到那个大嘴巴怪物时，我让一个孩子到前面的"PPT"前比画怪物的嘴有多大。相比孩子的身材，屏幕高了点，于是我抱起了他，没想到下面有孩子叫起来，"我也要抱"，又是一片笑声。当然，我满足了这些孩子的要求。

讲述中比较着力的是故事文本中几个语言表达点的练习。

"臭虫和怪物们正啃着面包呢。小朋友们啃过什么呀？"

"我啃过鸡腿。"

"我啃过肉骨头。"

"我啃过香蕉。"

"呵呵，香蕉只能说'吃''咬'，不能用'啃'。想想小猴子喜欢啃什么？"问题的出现是我所预料和希望的，正好用作辨别。引出小猴子的话题是要让他们明白吃有些水果也是可以用"啃"字的。

"小猴子喜欢啃桃子。"

"有的小朋友喜欢啃手指。这是不好的习惯，我们不能学。"这既拓展了"啃"的用法，又进行了行为疏导。

"那些怪物们正啃面包呢。我们一块来学学样子，一边啃，一边嘴里发出'咔哧咔哧'的声音。"这样就将发散的思维自然地引回到故事。

"啃"字的引导尽管现场效果比较热烈，但回头想想总感到不踏实，连忙翻阅工具书。《现代汉语词典》解释是"一点儿一点儿地往下咬"，这样看来说"啃香蕉"也未尝不可，但这与表达习惯似乎不符。我觉得对"啃"的物体一定会有所规定。再查《新华字典》，说是指咬"较硬的东西"。我松了口气，自己没讲错。看来，即便是幼儿的文本，对语言分析也轻忽不得。

在讲到动物们逃跑时，我让孩子们一边看图，一边听清它们分别是怎么逃跑的，分解表演龙"飞"、鳄鱼"爬"、灰熊"跳"，再听我连贯讲述，他们连贯表演。在这样的互动合作中，他们既获得了词语的意义，又获得了表达的愉悦。

故事的复述主要是片段式甚至是语句式的。比如，引导孩子观察画面，看床底下有些什么后，让他们用提供的句式"床底下有……有……有……"连贯讲述。让孩子跟自己的爸爸妈妈学说大嘴巴怪物的话"我看到床上有一个可怕的东西"，既体会了语气，又沟通了亲情。当我请一位看上去很胆小的女孩学说时，她面对着妈妈，妈妈则热切而鼓励地看着女儿，那场景真是温馨。

在猜测、想象、互动中，故事到了尾声。我原计划将故事再完整讲述一遍，我以为这对孩子完整体验故事很有益处，遗憾的是不少家长却急着领孩子参加别的游乐项目去了。

一场下来，增添了些自信，对接下来 12 点开始的第二场竟然有了些期待。

第二场的讲述更加得心应手，我还即兴加了些亲子活动，这一场的孩子也比上一场的更加活跃。在我没有作任何纪律暗示的情况下，仍能始终保持良好的听讲状态，可见故事之于儿童的魅力。考虑到前一场的教训，这场的最后，我放弃了再完整讲述的安排，而改问了一个问题："故事叔叔家有个小妹妹，胆子可小了，就是不敢一个人睡，你想对她说什么？"本意是想帮助孩子由所听故事联想到生活，回头反思，似乎不妥，有急功近利的嫌疑。要知道，故事本身带来的乐趣就是送给孩子的最佳礼物。

讲故事给孩子们送去了快乐，也为我自己带来了满足。因为没有功利的驱使，没有目标的束缚，内心的舒畅与自由是以往任何的公开教学所不能比拟的。不过，光有热情显然不够，我们还需要积累经验，积累技术乃至艺术。回想这两场讲述，留下的遗憾也不少。其一，对弱势孩子关注不够。对那些相对更年幼的、胆小的、内向的孩子，我没有能给予足够的帮助与"倾斜"。其二，这是图画书的讲述，图、文并重而互补，讲述时我注意了文本语言，但对引导孩子体会图画语言做得尚不到位，仅仅启发注意了扉页的色彩同孩子被子的一致，引导比较了最后一页孩子的表情同封面表情的差异。坦白地说，是在这方面缺乏足够的修养与方法所致。

他慈爱地看着我们

叶圣陶这个名字，老老少少都不会陌生，大家尊称他叶老。

我这个人对形象的东西记得比较牢，因此，想起叶老，脑海中就马上浮现漫画家华君武先生作于1982年的那幅漫画——《喜看草人着新装》。画面上，叶老与稻草人并排看着大家，光光的脑门，长长的寿眉，雪白的胡子，亲切的目光，和蔼的笑容，慈祥平易得让人真想走过去叫上一声爷爷。有意思的是，他跟稻草人一样，脖子上也系了条红领巾，衬出一颗不老童心。

这样的目光，这样的笑容，一路陪伴着我，抚摸着我。小学一年级已经成为遥远的记忆，绝大多数课文已无从记起，有一首儿歌却犹在耳旁：

弯弯的月儿小小的船，
小小的船儿两头尖。
我在小小的船里坐，
只看见闪闪的星星蓝蓝的天。

朗朗上口的节奏与美好动人的意境印刻在我小小的心中。后来才知道，这竟是叶老的作品。直至今天，它仍在一年级的语文课本中，仍在一个个奶声奶气的声音中传诵。它成了我们共同的记忆。

等到开始从事语文教学工作，老校长谆谆教诲，要教好语文，得好好读读叶老！并且，将他珍爱的上、下两册《叶圣陶语文教育论集》（教育科学出版社 1980 年版）放到我的手中。现在想来，这有点像一个仪式，象征着一种薪火传承，他将老一辈的教育思想精华郑重地传递给年轻的一代。

一天的喧闹散尽，常常是我与叶老的对话时光。他论述的话语都很朴素，很明白，很简洁，但又句句中的，发人深思。他的阐述有自己特定的风格，让你觉得就是一个长者在慈爱地看着你，操着苏州方言柔声地指点你，有时候也忧虑，也焦急，但一点儿都不烦躁，不恼怒，对你抱有着最大的信心和耐心。

于是，那些话语被牢牢地记在了我年轻的心中。渐渐地，我发现，其实它们也被记在了很多很多语文教师的心中。

作者思有路，遵路识斯真。作者胸有境，入境始与亲。一字未宜忽，语语悟其神。

"讲"都是为了达到用不着"讲"，换个说法，"教"都是为了达到用不着"教"。

心有所思，情有所感，而后有所撰作。

语文教材无非是例子……

"教师下水"。

口头为"语"，书面为"文"，文本于语，不可偏指，故合言之。

……

这些话语，指导着我们对语文课程、教材、教法的认识与实践，中国数以亿计的学生，正是在这样的话语指导下学习着自己的母语。基于叶老的卓越贡献与地位，有人称他为我国现代语文教育的创建者、缔造者，是一点也不为过的。

所以，无论语文教育的实践者还是研究者，对叶老语文教育思想的研读学习都是他们的一门必修功课。这不仅是指教育史的价值，更有着鲜明的现实意义。你会发现，当年叶老呼吁、指出的问题，不少到今天仍然存在。譬如，早在1941年，叶老就指出，"国文教材似乎该用整本的书，而不该用单篇短章"。近几年，尽管读整本书已经引起有识之士的重视，但就整体情况而言，并不乐观。

从二十世纪九十年代中后期开始，语文教育理论界出现一种反思叶老语文教育思想的声音，这对我国语文教育理论的建设是件好事，不同观点的碰撞正可激活大家对语文教育的思考。我以为，这种反思一点都不损碍叶老语文教育思想的光芒。他的开拓性建设，正是后人不断求索的一种参照与激励。我相信，设若听到那些不同的声音，叶老本人一定也是笑吟吟的。

最后，感谢浙江文艺出版社的编辑孙亚敏博士，是她将编选叶老语文教育文选的大礼送给了我。在我心存敬畏、犹豫再三时，她反复鼓励，对我给予充分的信任。于是，我得以全面学习叶老的语文教育思想。那些日子，我沉浸在阅读与思考的快乐和充实中。我还要感谢我的好朋友、南京大学文学博士周红先生，他及时而热情地为我提供相关资料，使我免去诸多搜寻之苦。

　　"知道在哪里，才能不慌张；知道走向何处，才能保持从容。"那么，安静从容地读一读叶老吧。

2012 年 3 月

卷
五

校园有条青砖道

有些名字不会忘

　　有些人的名字，只要一想起，心底就会漾起无尽的暖意，斯霞老师就是这样的一个。

　　斯霞是我知晓、景仰的第一位名师。

　　很小的时候，大概读二三年级吧，每天放学回家，都要路过小镇的新华书店，于是，进去看一看几乎成了每天的必修课。书店不大，进去后迎面就是一排"凹"字形玻璃书柜，里面陈列着各种书籍。一日，忽然发现边上的书柜里安安静静地躺了一本新书。封面朴素淡雅，至今依稀记得书名是"斯霞教学经验选"之类。小小的我就想，这个斯老师一定是一位很厉害的老师，都出书了！

　　第二次与斯老相遇则是在书中了。

　　大概四年级时，不知怎么阴错阳差，在那家小镇的书店购买了一期供教师阅读的《语文学习》丛刊（上海《小学语文教师》杂志的前身）。该期的最后一页刊载了全国小学语文教学研究会成立的报道，其中我发现了唯一一个熟悉的名字：斯霞。她被推选为副会长。

　　斯霞是个好老师。我默默地想。

随后，偶然地，总会与斯老的信息不期而遇。我常常痴痴地想，能有这样一位老师该多幸福！

工作了。1993年，我终于见到了斯老。那年，江苏省教研室在无锡举办江苏省小学语文青年教师优课评比活动。我坐在观众席中，忽然人群起了一阵小小的骚动：原来，斯老出现了！啊，她就那么真切地来到了我们中间，不过同我相距十多米！她笑眯眯地坐在评委席上，就像奶奶，一位慈爱的邻家奶奶。

下午的活动即将开始。我随着人流赶往会场，一抬眼，站在前方不远处的不正是斯老吗？不高的身材，紫红的毛衣，花白的头发，慈祥的面容。不知哪来的勇气，我快步走上前，恭恭敬敬地叫了她一声，小心翼翼地问："您能给我签个名吗？"斯老看着我，乐呵呵地说："行啊！"她接过笔和本子，一边一笔一画地写着，一边说："写得大大的。希望在你们年轻人身上啊！"我傻傻地看着她，这便是那个在我孩提时代就走进我心中的老人吗？

接过斯老递回的本子，我久久端详：柔中带刚的笔力，"斯"字末笔下端很飘逸的短拐撇，呵呵，跟书本中见到的她的签名完全一样。

以后，斯老的言论成了

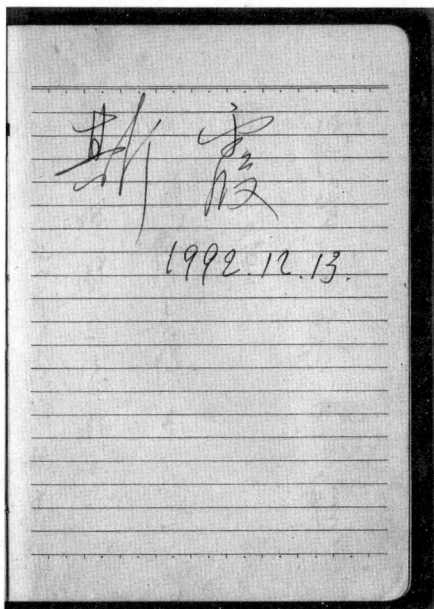

我阅读的关注。我甚至突发奇想过，斯老用自己名字的谐音设置了"思遐"课，我能不能也在名字上琢磨琢磨？

去年 7 月，一位前辈告诉我斯老病重的消息。我默默地为她祈祷着。谁料春天还没到来，她却已经永远地沉睡了。

想起斯霞，就想起她的童心，想起她的母爱，想起她的笑脸，想起她签名时的那个瞬间，想起"斯"字末笔下端那个飘逸的短拐撇。

夜，深了。我拿起手机，给南京的特级教师刘军老师发了条短信：

斯老的送别会上，替我鞠上一躬。

2004 年 1 月

今夜无眠

尽管年纪不算太大，骨子里甚至有点天真地以为自己还是个翩翩少年，但在内心的某个角落，总把记忆安顿，仿佛要叫自己活在昨天之中。浏览最新的时报，置身于热闹的街市，不经意间总盼望能够嗅出些许泛黄的气息。

网上游弋，各类时闻迎面扑来，令人无力招架。但我还是愿意不厌其烦地键入那些业已尘封的名姓，那些已然退隐的语词。重温是一种快乐，偶有新的邂逅便是加倍的幸福。

我相信冥冥之中存在着一种神秘的力量，因为今夜，就在今夜，一个喜悦在前方守候着我，等待着与我相约。

我不止一次地设想，在这神奇的网络世界，它已经存在多时，它看见了我一直漫无目的却不曾动摇的寻觅，它理解了我涨溢于心的虔诚。它之所以不把到来的日程提前哪怕一天，完全是为了要我好好珍惜这份来之不易。然而，它终究不忍再看我双眼的期待，它终究被我的执着打动，于是，不带任何征兆地平静地来跟我赴这一次约。

默念着最虔诚的祈祷，将文件连同喜悦、焦灼一同下载，等待的过程显得无比漫长。

真的是泛黄的、不时闪烁的老胶片，随即，欢快跳跃的音乐弥漫开来，不用说，这是属于童年的歌声。岸边开满菊花的小桥上，一群孩子走了过来。孩子们簇拥着一位奶奶，那么和蔼，那么精神，她走在金菊飘香的秋天里，走在如鲜花般可爱的孩子中。

她，就是斯霞老师。

她走向的，是那永远走不够的讲台。今天，她要跟这些孩子一同学习"我们爱老师"。

声音不再清脆，却那样和暖；容颜不再清丽，却那样慈爱。站在简陋斑驳的讲桌前，平凡、素朴得叫人想起乡下的外婆。轻轻地走过去，扶一扶书本，没有任何的雕琢，不做任何的修饰，举手投足间透出的爱的力量却胜过了任何的修饰和雕琢。目光永远平和而宁静，温暖地抚过每一个孩子的心房。

"'关心'是什么意思呢？老师平常是怎样关心你们的？"

"斯老师问我为什么把手放在嘴里，我说我的牙齿活动了，斯老师就替我把牙齿拔了。"

"一次天很冷，周小松穿的衣服很少，斯老师就找了一件衣服给他穿了。这也是老师关心我们。"

这哪里是教学的艺术，分明是一种人格的力量。这哪里是在上课，分明是一种心灵的交流。这是一堂课，可我们分明看到了每堂课。爱是细节，斯老正是在细节之中诠释着她的爱。

一字一句，一笔一画，一丝不苟。这些刚入学的孩子啊，你们可知道，你们正享受着无数人艳羡的幸福。

袁微子老先生当年称斯老"于质朴中见真功夫"，诗人臧克家为她题诗云"一个和孩子常年在一起的人，她的心灵永远活泼像清泉"，成尚荣先生盛赞斯老是"完美的永恒存在"。诚哉斯言。

下课的铃声响了，孩子们像小鸟般飞出教室。他们玩起了游戏，跳起了找朋友的集体舞。啊，斯老师也在中间，你看她，拍手、举臂、转圈，跳得多欢！她是里边的真正的大孩子。

这一年她70岁。

记得斯老离开的时候，一位叫萧玲的记者在其名为《母爱走过的日子》的纪念特写中，用飘动的胶片式样呈现了斯老各个时段的相片，从此，这个意象在我心底挥之不去。今夜，看着她，听着她，不由又想起那些意象。是的，她完美地存在于时间的河流中。

影片最后的时间告诉我们，这段记录离今天差不多有三十年了。但我想，它不会尘封，不会退隐。它会感动今天，它会感动永恒。

关闭电脑，推窗望去，繁星点点，万籁俱寂，这繁华都市的一隅已然安睡。我这颗客居他乡的心，在今夜被包裹得异常柔软。

2007 年 1 月

她，帮助我走向"我"

——我和李吉林老师的故事

诗人是令人敬慕的。其实，教师也在用心血写诗，而且写着人们最关注的明天的诗——不过，那不是写在稿纸上，是写在学生的心田里。

——李吉林

童年"遇到"李老师

"人的童年提出了他整个一生的问题，要找到问题的答案却需要等到成年。我带着这个谜走过了 30 年而没有思考过它一次，今天我知道在我开始出发时，一切都已决定。"一个偶然的机会，当我读到米夏埃尔·兰德曼的这句话时，心里有一种豁然开朗的感觉。我立刻想起安徒生文学奖获得者、苏联著名儿童文学家和教育家米哈尔科夫的散文名著《一切从童年开始》。是的，一切从童年开始。我回首张望，猛然发现，童年其实已经孕育了今天的"我"。开始出发时，一切都已决定。

大概从三年级时起，学校开始组织我们订阅各种报刊，我记得先后订阅过《少年报》《少年文艺》《儿童文学》，我自己还在邮局订阅了《江苏儿童》杂志。即便这样，我还是不满足，总希望读到更多的故事，亲戚、邻居们废弃的旧课本都成了我的宝贝。

我相信冥冥之中存在着某种缘分。一个平凡得没有任何特征的日子，随手翻阅一本刊物，我在密密麻麻的文字中随意穿行。一篇同龄人的习作——《校园里的花》吸引了我。作文不长，一会儿就看完了。作文最后是指导老师的名字：南通师范第二附属小学特级教师李吉林。特级教师？我第一次看到这样的称谓，心中立时充满了神圣与敬意。好羡慕习作的小作者，不能想象他该享受着怎样的幸福与快乐。南通？那是一个并不遥远的城市，那儿就住着尊敬的李老师。李吉林，看这名字，是大哥哥老师、叔叔老师，还是爷爷老师？

《小王子》中说：仪式"就是使某一天不同于其他日子，某一钟点不同于其他时间"。那一天，那一刻，就是我生命里的一个"仪式"，我与李老师，与"特级教师"相遇了。

世界上最黏的胶水

初中毕业，我进入了江苏省南通师范学校学习。

开学的第一天，就听到老师们在讲述那个熟悉的名字。原来，自己已经来到了她的身边。我心底的一角即刻苏醒，童年的记忆开始复活。从梦想到现实有时竟只有一步之遥。

成为李吉林那样的老师，这成了我埋在心底的秘密。我不由分说地喜欢上了即将从事的职业，甚至被老师定性为"专业思想非常巩固"。

后来，就像追问"我从哪里来，要到哪里去"一样，我曾经追问自己：我为什么要做教师？李老师对我的影响到底意味着什么？

我从日本幼儿故事《竹笋的故事》中受到启发。春雨过后，竹笋就在地下游戏。有一棵小竹笋感觉到有种神奇的力量在吸引它。它听到一个很远的声音在召唤，于是拼命往那个声音的方向钻。原来，篱笆墙外，有一个人在吹笛子，是悦耳的笛声吸引了它。后来，它长成了一根健壮的竹子。最后，这根竹子被做成了一根能发出悦耳声音的笛子。

短小的故事蕴含了深邃的哲理。我们每个人其实都在寻找一个真实的自我。竹笋听到自己心灵的召唤，最后，做了一根能发出悦耳声音的笛子，它找到了自己最积极、最真实的自我。李老师于我而言，正是那悦耳的笛声。我在这笛声的召唤下，找到了真实的自我，从此，踏上了教师之旅。我，走向了"我"。

作家陈丹燕在《我的妈妈是精灵》一书中说："感情是世界上最黏的胶水。"我的心中充满着对教师职业的憧憬和热爱，我为未来的职业生涯积极准备着。

能够听一听李老师的课该多好！那是当时的一个梦。一天，学校给我们发放了李老师的新著《情境教学实验与研究》，这本书系统阐释了情境教学的理论与实践框架，让人爱不释手。我贪婪地阅读着，想象并复原着一个个动人的教学场景，未来生活虚无却又真实地向着我走来。

毕业分配"双向选择"考核时，我现场拿到课文《我爱故乡的杨梅》。我回忆刚阅读完的《情境教学实验与研究》一书的理论，根据课文内容，依葫芦画瓢即兴设计了几个所谓的"语表情境""音乐情境""想象情境"，竟然获得了评委的好评。我被海门市实验小学录用了。

纷杂外衣传递的爱

李老师常说"爱会创造智慧"。自成为"准教师"起，"爱"就成了我们耳边复现率最高的字眼之一，年轻的心中充满了神圣感与使命感，脑海里一遍遍描摹着幸福的七彩蓝图。及至参加工作，才知道，真正做到爱学生并不容易。现实中，有太多的无奈、焦虑、诱惑考验着我们"爱"的耐心与执着。现在，我所理解的"爱"并非一句抽象的话语，而是附着在一个凝固的记忆影像上。

有一年，一场高规格的情境教育学术研讨活动在南通师范第二附属小学举行。时值初冬，已很有些凉意。下午是一场简短的汇报演出，中间我有事外出，正看到一群小舞蹈队员在隔间候场。她们都已换好单薄的演出服，一个个搓着手，不时蹦跳着，以抵御外面的凉意。当时的场地还没有空调设施。这时，李老师走了过来。见此情景，她一下瞪大了眼睛，对一旁的带队老师大声说："这怎么行，快，赶快让孩子穿上外套！"带队老师解释说："马上要上场了。""孩子的身体要紧，穿着外套跳！"李老师的语气不容置疑。接下来，与会的专家、代表们看到了这样的场景：孩子们里边穿着统一的漂亮演出服，外面则罩着自己各色的外套，有红色的毛线衣，有紫色的夹克，也有天蓝的毛背心。这些着装纷杂的孩子们灿烂地笑着，舞动着内心的喜悦。代表们都被打动了，报告厅里响起了热烈的掌声。

那一刻，"爱"在我的心中获得了前所未有的存在。是李老师，用她不经意中的一个举动，给我上了"爱的教育"最为真实的一课。在我眼里，那群身着纷杂外套的孩子们，跳出了世间最美的舞姿。我也终于明白，为什么李老师数十年矢志不移，潜心情境教育的研究，在别人颐养天年的时候，她又站在了新的起点。这些都源自她内心深处的对儿童的热爱与理解。

字里行间的铅笔线

有一回，我承担了省里一个重要活动的教学研究课任务。尽管已经有了多次公开教学的经历，心里还是难免紧张。为了上好那堂课，我苦思冥想了好长时间，阅读了不少资料，终于拿出了教学设计。但我总感到底气不足，把握不大。这时，我想到了李老师。尽管知道她非常忙，犹豫再三，仍鼓起勇气给她打了电话。没想到，电话里李老师爽快地答应了。

按照约定的时间，我准时来到了李老师的办公室。李老师正忙碌着，见我到了，微笑着招呼我坐下。我递上教案，心想，就修改一下，时间应该不会太久吧。

李老师接过教案，浏览了一下，就放在了一边，随手打开手边的教材，翻到了课文。看来，她早就做好了准备。

"小周，我们先读读教材吧。"她又随手拿出一支铅笔，开始一字一句地读起了课文。读几句，停一停，跟我讨论一下，谈她的理解，一边随手圈画。就这样，一句一句，一段一段，有时甚至不放过一个标点。一个个普通的文字逐渐变得鲜活灵动起来。我压根没想到李老师会这样跟青年教师备课。原以为她直接看看教案，提几点意见就完了。

再看面前的课文，字里行间，留下了密密的、各种不同的圈画符号。在我的备课经历中，哪曾有过这样细致的课文研读！此时，李老师似乎进入了情境，她轻声启发我："这是一个夜晚，是什么季节？外面是如何地黑？我们来到了一间小小的屋子……主人公出现了……"真是奇妙，随着李老师的描述，我仿佛真的进入了课文展现的情境，原先感觉隔阂的内容立时变得可亲了。我真正领悟到所谓"情境"，其实是课文所固有的。

经过了这一番课文的"进出"，李老师才重新拿起我的教案，跟我探讨起具体的教学方式。其中一些问题，我在透彻地领会课文后，已然意识到了。

当我走出李老师的办公室，已经小半天时间过去了。我明白，这次李老师不只是在帮助我备一堂课，她是在身体力行地告诉我，面对课文，面对教学，面对孩子，我们该是一种怎样的姿态。以后的日子，课文中那些字里行间的铅笔线总在悄悄地提醒着我。

做长大的儿童

2003 年，教师节来临之际，《人民教育》刊登了李老师的教育散文《我，长大的儿童》。文章犹如一首优美的儿童教育诗，浓缩着李老师成长的足迹，充盈着她"爱会产生智慧，爱与智慧改变人生"的育人情怀。我们都被她永远的童心与永恒的爱心深深打动了。那天，我接到一个外地特级教师朋友的电话，她激动地告诉我阅读李老师文章的体会，让我一定代为转达她对李老师的谢意与敬意。

李老师说："生活在儿童的世界里的幸福感，无与伦比。""我爱儿童，一辈子爱。如今我已不是儿童，但喜似儿童，我只不过是个长大的儿童。我多么喜欢自己永远像儿童！"

正是因为有一颗童心，她才会带着学生去濠河边看月亮，去长江边看日出，去寻找"秋天的田野"，让孩子们捋起袖子露出胳膊和丝瓜比粗细……正是因为有如儿童般的探究欲望，她才一直为儿童精神世界的完满建构而孜孜以求。那些论著都是她用火热的心、用心的实践、潜心的思索写就的。

我也开始在小学里读我的大学，开始努力去发现我们工作的逻辑起点——儿童，开始从课程的角度反思当下语文课程与语文教学存在的问题。

我思考，如何尊重孩子的童年时代，让他们在习得母语的过程中获得精神的成长？我想起了自己的经历。我从小喜好儿童文学，其中的真、善、美至今冲击着我的心扉，宛如初冬的暖阳辉耀着胸膛，这便是儿童阅读对于个体成长的意义。于是，我坚定不移地开始了童年阅读的思考与行动。"让孩子们在童年时代就找到喜爱的作家""让孩子们拥有自己的书""孩子自己也能写书"，秉承着这样的理想情怀，我和我的同事们热诚地给孩子们营建着一个"新月之国"。

最近两年，我又开始思考语言意识与人自身存在的关系，开始探索母语教学的民族根性问题。我发现民间文学是一种活体记忆，是生命开端状态的存在，儿童因为童谣等民间文学而在语言中获得了一种迥异于现实的生命体认。这是个体原初的精神家园、话语故乡。于是，我大胆地开始尝试这方面的课程探索，将颠倒歌、绕口令、摇篮曲、传说故事等引入教学。尽管每一次都会遭遇很多困难，但从中更收获到无尽的满足与快乐。这期间，李老师每一次遇到我，甚至遇到熟悉我的人，她都会关切地询问我的工作、生活情况。

在李老师心中，我还是个儿童，是个长大的儿童。

李老师，"如今我已不是儿童，但喜似儿童，我只不过是个长大的儿童。我多么喜欢自己永远像儿童！"

2011 年 3 月

一株香蒲

——特级教师亓浦香语文人生的启迪

时间也是一条河，随着水波的流淌，很多曾经的存在会渐次散尽抑或被冲淡。当然，与此同时，在时间的奔流前行中也会有一些元素得以沉淀，这繁华退却的所得便是那最为质朴的事物肌理。亓浦香——濠河之畔的一代名师，饮誉江海平原的美丽"金花"（亓浦香老师与李吉林、杨秀兰、张育新、陈锡珍等特级教师并称"五朵金花"），在其人生走进第 70 个春秋之际，我们回望她 50 余年的语文教育生涯，她的清晰、稳健、扎实、亲切的课堂风格与朴素无华的教学论述，就如一株香蒲，芳华轻播，叫人难忘；她的行走路径、教学主张值得年轻的我们承传、发扬。

一、热爱与求索：语文教师的品格

热爱与求索是亓老师教育人生的主色调、主旋律，不管顺境逆境，她对事业的赤诚不变，对儿童的情感不变；对教育的探索不止，对语文的思考不止。

1953 年，亓老师毕业于闻名遐迩的江苏省南通女子师范学校，被分配在南通市实验小学。不久，她就以甜润的朗读、娟秀的板书、亲切的教态和鞭辟入里的教材解读崭露头角。1955 年，她被抽调到江苏省教育厅编写小学语文教学参考资料，那时她才 19 岁。之后，又先后两次赴南京参与教材、教参的编写工作。每一次，她都谢绝盛情挽留，回到家乡的讲台。教师情结、讲台情结、故园情结在她身上得到了充分的体现。

1984 年，亓老师毅然告别工作不到一年的江苏省南通师范学校，令人费解地主动来到条件简陋的郊区小学。此时，她已年近半百，又不会骑车。对此，亓老师并没有什么豪言壮语，她其实是在实现自己的一个美丽的梦：年轻时观看的苏联影片《乡村女教师》中华尔华娜的形象一直在她脑海萦绕，做一名华尔华娜那样的乡村女教师成了她埋在心底的理想。当然，现实绝非梦想那般甜蜜，走过风雨人生的亓老师早就做好了心理准备。

教师对事业的热爱永远表现在对儿童的态度上。曾经有记者要亓老师谈谈对郊区学生的感受，她说："农村的孩子朴实、可爱，虽然不及城市孩子见多识广，但并不'笨'，他们中间有一种潜在的力量，呼唤我们去开发。为着他们，我将竭尽全力，因为我是属于孩子们的！"

"我是属于孩子们的"，这朴素的话语道出了亓老师的儿童观、教师观。在亓老师看来，教师不是儿童的权威，儿童也不是成人的附庸，成人（教师）是为着儿童而存在的，教师是为儿童的发展而服务的。"属于孩子"，就意味着与儿童的心理交融，意味着与儿童的视角对等，意味着教师的所有活动都是内驱使然，这就使教师工作幸福感的获得具备了可能性。于此，我们不难理解亓老师在其教师生涯的每一阶段都不断寻求超越的缘由了。

爱会产生智慧。亓老师的探索总是切合当时当地的实际需求，既有敏锐的问题意识，又善于运用"问题即课题"的思维方式解决问题。20世纪70年代末，她追求"小"而"实"的研究效应，先后进行"运用汉语拼音基本式培养学生自学能力""全部留级生班级教育教学问题探讨"的课题实验。80年代末至90年代末，在积累了丰富的课题研究经验的基础上，针对当时普遍存在的问题，她开始致力于"语文教学智力技能整体发展""整体优化，全面培养和发展小学生语文能力""小学语文课堂活动结构"等课题的研究，背景宽阔，视野开阔。可以说，亓老师的教育之路便是实践智慧与理性思考不断碰撞融合的过程。

亓老师的专业发展，经历了20世纪50年代的启蒙认识阶段，60、70年代的探索实践阶段，80年代的实验提高阶段，90年代的概括成熟阶段，典型地描画出一条新手教师成长为优秀教师的轨迹。这种由"爱"催生"学"、落实"行"、启动"思"，再反哺"行"的行走路径，不失为教师成长的一个具有普适意义的范例。

二、语言与思维：语文素养的双翼

语言与思维的关系是语文教学理论与实践的基本命题，但是，对此问题的廓清在一段时间内一直局限于教育理论界，同广大教师的实践行为存在较大的错位。这在课堂中的突出表征，便是当时盛行的串讲串问、机械读背等现象。这方面，亓老师再一次显示了她过人的胆识与扎实的理论素养。她走的是一条"上""下"（理论与实践）结合的研究之路。

问题的提出基于亓老师对服务对象——郊区农村儿童的认识。从城市来到郊区，很多因素发生了变化，于是，她"既研究小学语文教学的一般规律，又研究郊区小学语文教学的特殊规律"。通过调查分析，她发现了这些农村儿童的特点：学前教育的基础没有城市儿童扎实，介入大千世界的知识环境没有城市儿童优越，家庭辅导的条件没有城市儿童充分。这种基于现实问题的分析让亓老师的行动目标鲜明，方向准确。找到症结后，她借助教育心理、语文学习心理等理论知识进一步寻求突破瓶颈的策略：智力技能是形之于心理内部的智力活动方法，而一切心理活动的核心是思维。学生思维的发展不能凭空而来，必须借助于智力技能的训练，凭借于字词句章。只有切实培养听说读写的能力，重视非智力因素，形成良好习惯，才能在发展学生智力的过程中促进其身心全面、和谐地发展。可见，亓老师行动的每一步都是有准备、有思考、有根据、有计划的，这就使得她的实践研究既具有较高的起点，又具备丰富的实证。

1985年，亓老师正式启动"语文教学中智力技能整体发展"的实验，并归纳总结出具体的途径：1.在具体情境中活跃形象思维；2.在理清思路中培养抽象思维；3.在探索求异中发展创造思维。这样便在实践层面很好地解决了语文与思维的融合问题。亓老师的探索获得了很大成功，在接班三个月后的一次大型教研活动中，她执教研究课，学生语言表达流畅，思维活跃，时任江苏省教育厅初教处副处长的成尚荣先生评价说："亓老师重返小语教坛三个月就为我们上了一堂好课，学生自始至终在轻松、愉快的气氛中，懂得了比较深的哲理，情感受到陶冶……"

亓老师的实践与研究启发我们，语文教学中语言与思维的发展关系必须强调四个"注重"。

1. 注重平衡。语文教学中发展语言与发展思维的关系其实就是老师们经常说的"实"与"活"的关系。我们要力求把握"实"与"活"之间的平衡。亓老师是这样论述的："语文教学光实不活，势必呆板；只活不实，必然肤浅。二者必须兼顾，力求做到实中见活，活中求实。"

2. 注重互动。语文教学中的发展语言与发展思维是相互作用的。思维发展凭借语言进行，语言的发展又有效促进了思维的提升。《唐打虎》的教学已近尾声，亓老师出示了这样一道思考题：在日常生活中碰到_____，我们也应该像"唐打虎"那样_____。学生由"老虎"联想到"拦路虎"，思路迅即敞开，使表达更为丰富。亓老师还很善于抓住学生容易忽视的语言细节，引导学生细品、体悟，这就又带动了思维深刻性、敏锐性的发展。《詹天佑》第2自然段中"清朝政府如果用本国的工程师来修筑铁路，他们就不再过问"一句，很多人并不注意，亓老师却有意设疑："他们真的不再过问吗？他们这么说是抓住了清政府的什么弱点？"看似轻轻一问，实则触及时代背景，点明貌似平常的语言隐含着帝国主义的要挟恐吓，让学生读出了字面背后所蕴含的深意。

3. 注重融合。语文教学中的智力技能训练不是离弃语言的单独行为，而是与语言的感悟、训练等交融相糅，从而达到语思同一的理想境界，亓老师称之为"渗透性定向训练"。教学《可爱的草塘》

时，在课文总结阶段，她出示了这样一道似乎颇为简单的填空题："北大荒的草塘不仅景色美丽，而且物产丰富，这（ ）是草塘的可爱。"学生提出了"就""便""才""正"几个字。亓老师启发说："到底用哪个字，得分析具体的语言环境。如果问草塘可爱在什么地方，应选用——（就）；问草塘有什么特点，应选用——（便、正）；问草塘仅仅可爱在景色美丽吗，应选用——（才）。"这道训练题可以说是语言训练与思维训练融合的范例，体现了语言准确度与思维严密性的和谐统一，同时又很好地揭示了课文内涵。

4. 注重策略。语言与思维同步发展的效度在很大程度上取决于学生学习的主动性，注重策略导引是发挥学生主动精神的有效方法。这突出地表现在亓老师引导学生把握课文思路的教学上。她说："在阅读教学中，遵路与探路是一个密切相关的统一体，要探路必须遵路，遵路是为了更有效地探路。"注重策略的本质是思维品质的培养。

三、活动与生活：语文智慧的源头

语文的外延等同于生活的外延。当这句话几乎成为今天语文人的公共话语之时，我们把目光往前拉到二三十年前，在当时小学语文教育颇为封闭的时代，亓老师能够理直气壮地将生活、将活动引进语文教学，是有相当的远见与自信的。她将自己的认识朴素地表述为"见多也就识广"。而学生的良好发展态势也使得亓老师收获了欣慰与微笑。

我感到，亓老师在丰富学生生活、组织学生活动方面之所以取得成功，是因为她注意了这样几个问题的解决：

1. 学科视角。我们原本就在"生活"之中，为何还谈走进"生活"？其中的一个重要原因是说教师、学生要让生活为语文所用，为学生语文素养的提高所用。这并非"唯学科"的"学科本位"，而是在特定情况下对生活的一种聚焦。

访问市长、老师、同学，诗歌朗诵、讲故事、演讲比赛，编辑墙报、小报，这些固然都是对学生综合语文素养的训练。而像"小小厨师"活动，在完成了炊具的准备、菜肴的烹调、花式的搭配之后，亓老师要求学生们清楚地介绍所需的原料以及制作过程，还要以广告的形式介绍自己的"作品"，鲜明地表现出语文教师的学科意识。

2. 快乐原则。学科视角的确立稍有不慎也会走向"学科负担"，遭到学生排斥。亓老师在组织活动时很讲究轻松愉快氛围的营造。活动中，她就是学生中的一员。春天，她与学生一起在校园里寻找春姑娘的身影；夏天，一起到小河边趣钓小龙虾；秋天，一块在月光下讲述嫦娥奔月的故事；冬天，一同在大雪之中玩耍嬉戏。这些活动以可亲的面目走近学生，给学生的生活增添了光彩，留下了甜蜜的记忆，更为学生创造了广阔的语文学习背景。

3. 发现意识。发现意识就是对于生活的敏感性。"生活中不是缺少美，而是缺少发现。"亓老师说过："生活本身就是一幅彩色的画面，要善于引导学生'抢镜头'。"这"抢镜头"就是指有发现意识。

"发现"要靠"发现"来培养。"三八"妇女节，亓老师组织学生作词，灌注录音带，作为赠给女老师的节日礼物。晨间的大雾、晴天的骤雨、傍晚的火烧云，亓老师利用大自然提供的现象作为观察和表达的材料。

对生活中"偶然"事件的捕捉体现出教师的"发现"意识，而教师如何利用发现又体现出其运用资源的能力。这些都关系到学生发现意识的养成。一次，学生小吴拾到一件中山装，亓老师让小吴介绍拾衣服的经过，引导学生体会失主的心情，思考寻找失主的办法，因势利导，让学生学习并练写了应用文"招领启事"和"遗失启事"，并分别以《好样的》（叙述捡到衣服的经过）、《叔叔笑了》（叙述失主前来认领的情景）及《一件中山装》（叙述事情的来龙去脉）等为题进行了小作文练习。

亓老师 50 余年的教育生涯、教学探索、语文人生，对我们后学晚辈而言是一笔无形的财富。牛顿说："如果说我比别人看得更远些，那是因为我站在了巨人的肩上。"今天，当我们在语文课程改革的道路上且歌且行时，也应该心怀虔诚地常常默念这些铺路者的名字。

2006 年 9 月

校园有条青砖道

那都是些十几年前的事儿了。

当年，海门市实验小学的校园布局属于典型的长方形对称式，站在校门口，透过一幢幢教学楼的走廊，能一眼洞穿整个校园。与目光平行穿越的是一条笔直的走道，从校门口一直延伸至最里端的生活区，很像一条规规矩矩的轴对称线。走道全由块块小青砖侧砌而成，较两边地势略略高出，路面有着些微的凹凸，偶尔还有薄薄的青苔粘附，显出很有些根底和来历的样子。加盟海门实小后的第一眼，我的双脚就不可救药地喜欢上了它。从此，每天三点一线的生活，便都以青砖道连接。

早晨、午间、傍晚，不经意地，总能在走道上遇见一位儒雅素净的中年男士，或步行或骑车。

师范毕业前，从报上得知，海门实小有位叫张兴华的知名特级教师，他"用生命的液汁浇灌智慧的花朵"。于是，去海门实小，去张兴华身边，成了我的梦。

梦想成真，我是幸运儿。但我又是不幸的，我加盟实小的同时，张老师调往了教师进修学校。办公室同事经常描述张校长（调离实小前任副校长）的课堂风采与治学轶事，我捕捉的信息愈丰富，心中的遗憾便愈添增。

凭直觉，此人应该就是张老师吧。一个黄昏，当他骑着单车驶近我身旁时，我犹豫着轻轻叫了声"张校长"，他似乎稍稍有点诧异，随即转过脸温和地点头笑了笑。目送着他青砖道上前行的身影，有一种说不出的快乐在我的心里涨溢。

又是黄昏。正埋头走着，突然一辆自行车到我身旁刹住了，一抬头，原来是张校长。他微微一笑，说，咱们一块走走。他推着车，很随意地问着："是刚毕业的吧？哪儿人？教几年级？班级学生教得顺手吗？"莫非是黄昏里的一个童话，曾经的遥远就这么突然来到了身边？他的普通话字正腔圆，音色饱满而有弹性，这在当时的中年教师中很是鲜见，我着实吃了一惊。也就是那一回，我发现青砖道竟然如此短小。

从此，走在青砖道上就有了期盼。从此，青砖道的行走成了我们的"移动二人沙龙"（当然都是我讨教他解惑）。

在青砖道上走了一年，新的学期，张校长回到了实小。同事们欢欣无比，我却隐隐有一丝担忧——在这一年中，我不止一次地听同事们谈论张校长治学、治校如何严谨，近乎苛刻，为上好课有多少年轻教师被他"训"到落泪。我性格内敛，但并不属于很刻苦的一类，骨子里甚而有点反叛任性。他能包容吗？

"要把每一课都当公开课上！"一开学，张校长就在校会上告诫全体教师，同时，开始了对青年教师的全面听课活动。早晨的校园总是一片忙碌，语文教师在教室指导晨读，数学教师则在办公室书写小黑板、准备教具，没有人闲聊。晚上，青年教师自觉夜办公，当大家一身充实踩着青砖道回宿舍的时候，星星却似乎倦到发困了。在这种氛围里，我自然不敢随便，精心准备了《春蚕》一课，默数着日子，等待着他的到来。

这一天，这一课，应该写入我的个人"史记"。课毕，我忐忑地跟着他回到办公室。听课的几位老师发言后，他讲了起来。那是一种怎样的评说啊，我头一回真切地感受到了课堂教学确是一门艺术、一门学问。他似乎信手拈来，侃侃而谈，从语文学习心理尤其是情感体验的角度逐层分析，既有深刻的理性剖解，又充满浓郁的感性色彩，难怪老师们说听张校长评课是一种享受。他赞扬我将正热映的台湾影片《妈妈再爱我一次》的主题歌引入教学，有敏锐的资源意识；他肯定我引导学生通过披文而入情，"语语悟其神"；他启发我如何就着学生的回答将其体验引向深处。

当天下午学校有教研活动，没想到，张校长竟在全体教师会上讲起我这节课，说"一个工作才一年的年轻教师就上到这个程度，让人欣喜"。

一时间，我有点蒙了。坦率地讲，尽管毕业前也曾雄心壮志，但一年下来，我并没有听到多少肯定与赞扬，内心已经开始动摇与怀疑了。

会散得很晚。我站在走道上。张校长出现了，我迎了上去："我的课真有你说的那样好吗，还是只是对年轻人的鼓励？"

他笑着停下脚步："这么不自信？其实一年来的路上'沙龙'，我就觉察出你是个不错的苗子，今天的课证实了我的感觉。当然喽，也不是说没有欠缺了，比如说语感就还需要锤炼。"

早听说张校长对教师的语言特别讲究，有时能为一句话让教师练上几十遍。我却有点不服气，自己读书时曾任过班级推普员，语言还会成问题？

张校长一点也不恼："'母亲一夜要起来两三次，常常累得腰酸腿疼'，这句话怎么读？'我'心中好受吗？"他说着便示范起来——我课上机械重读的几个词语，他却是轻轻吐出——完毕，还稍稍看看我，似乎给听者一个回味。原来语文教师的上课是这样的，美好与品位不在色彩与华丽，有时就在至简的语言之中。

在青砖道上不知聊了有多久，只记得告别后剩余的短暂路途走得很缓慢，我在心里一遍遍默念着刚才的那几句话，憧憬着用语言营构一个幸福课堂。

当时学校里年轻人不少，有时晚办公完毕，几个人就凑到一间教室弹弹琴唱唱歌。一次大家兴致正浓，张校长突然推门进来："是你们的歌声领我过来的。"

张校长也喜欢唱歌？

"唱歌好啊，教师都应该唱歌。唱歌最能培养一个人的情绪体验能力，这正是好教师不可或缺的素质，咱们实小的教师都要练唱歌。"

说着，他就哼起了四川民歌《槐花几时开》："高高山上噢一树喔槐哟喂，手把栏杆噻望郎来哟喂……"

"你们听这歌，里边的情感多么丰富，年轻姑娘的期盼、热切、掩饰、娇羞被刻画得淋漓尽致，演唱的时候绝不能只唱音符，要眼前有人物，要表现人物内心的变化，以声传情。"

就这样，晚风里的琴声成了一个信号，音符飘飞的时候，他就会过来加入我们的和声。随后，我们踩着一地月光，沿着青砖道往回走。与歌声同行的，是聊不够的斯霞、王兰、庄杏珍、张祖彤，是"五朵金花"（南通的五位女特级教师）鲜明的教学风格与特色，当然还有袁微子与朱作仁的观点碰撞，有奥苏贝尔的"有意义学习"理论……

有一回，我们观看了一台电视晚会，秦怡、孙道临等老艺术家的朗诵表演激情洋溢。走在青砖道上，大家兴奋地交流着，张校长更是眉飞色舞，一一评说比较，禁不住高声朗诵起来。其时海门正欲举行青年教师基本功大赛表演活动，我极力怂恿张校长也去"秀"一把。那次活动中，他跟一名青年教师表演的情景朗诵赢得了满堂喝彩。

校园的上空星星点点，路边的树影婆娑起舞，一串串脚步那般轻盈，夜晚的青砖道如此诗意。

一日日，一次次，我们就这样从青砖道走过。青砖道洒满了我们的笑声，青砖道倾听着我们的歌声，青砖道也收藏着我们的心声……

如果你现在去海门市实验小学，还能看见那条青砖道，只是由于数次校园建设，长度已不及先前的三分之一。倒是记忆中的那条走道，还在不断延伸。

2007 年 11 月

遇　见

　　很小的时候，家里老人给我算命，说我长大后会有贵人相助。长大后的我自然不会相信这样的"命中注定"，不过，确也遇到不少贵人，清华大学附小的窦桂梅老师就是其中的一位。

　　跟窦老师最早有联系是在网上的教育论坛。那时，她刚从吉林调到北京，任清华附小副校长。她的"为生命奠基"的报告在基础教育界引发很大反响，成为那几年教育界的一个热词。那时的我，只是小县城的一个普通年轻教师，满怀着"后青春期"般的怀才不遇，在虚拟的世界里故意说一些假扮深刻又尖刻的话，用窦老师后来开玩笑的话说："给人感觉有那么点儿江南小才子的意思。"

　　2002年10月，我们一同在南宁观摩第四届全国青年教师阅读教学大赛，那是第一次见面。征得校长同意后，活动结束，我代表领导邀请她前往我所在的学校讲学，终于真正见识了她的气场。上午，两节五年级阅读课《朋友》，上得动人心魄，可谓大江大浪、大开大合、大起大落。有个男生发言精彩，她走到跟前，用力一拍他的肩膀，喝道："好！"给人特哥们儿的感觉。老师们全愣住了，要知道，南方的女老师，公开教学时都那么抒情、温婉、柔美，我们

207

几时见过这样子的！头回看窦老师的课，心里可真叫一个爽。

中午，窦老师马不停蹄，为全体教师做了那个著名讲演"为生命奠基"，会场不断响起热烈的掌声。她有东北人的语言天分，话语幽默生动又接地气，更兼其对教育的拳拳之心与深刻反思，大家的心被紧紧抓住，刚刚笑过，一会儿眼角又泛起了泪花。下午，她与青年教师座谈，讲教师的成长，讲对教学艺术的追求，讲她的人生经历。尽兴时欢笑，动情处哽咽，时而诵读，时而歌唱，尽显豪爽与率真。

在零碎的交谈中，她大概觉察出我的颓废，突然说："益民，相信自己。马上有个比赛，我推荐你参加，一定要走出去！"我吃惊得连连摇头。说实话，我虽自认怀才不遇，但也自知眼高手低，真要被拉出去，没那信心。傍晚，送她到机场，她把我叫到一边，说："跟你校长说了，校长非常支持。就这么定了，参赛！"语气不容置疑。

比赛在湖南长沙举行。尽管是个民间赛事，但参赛选手来自十多个省市，观者云集，规模不小。我准备充分，发挥得不错，捧得了一等奖。喜滋滋回到家，还没来得及汇报，却先接到她的电话。她说，她有事未能与会，但很关心我的情况，特意询问了担任评委的前辈、特级教师赵景瑞先生。宽厚的赵先生大概猛夸了我一通，让她格外欣喜。

人是需要肯定的。这一次的"走出去"，让我的信心萌生。窦老师看到了"走出去"对我的自我发现与认同的意义，进一步大力举荐我参加一些重要活动，有时，甚至让我代她与会。每逢同场上课，她总在讲座中不厌其烦地介绍我的教学特色。会议交流时，她也总会把习惯躲在人群后的我一次次"揪"出来。就这样，内向的我，不断被她推到了前台。

2004 年底，长春出版社邀请窦老师主编"新教育·新理念"丛书，窦老师第一时间就联系我。出版自己的书，对当时的我来说简直是天方夜谭，我头摇得像拨浪鼓。窦老师笑了，说："我就知道你是这反应。这样吧，先传一些文章给我。"两天后，她来了电话，还是不容置疑的语气："文章我都看了，不错，列入丛书，就这么定了，继续多思考多写作！"仿佛做梦一般，2005 年 8 月，我的第一本个人文选《步入诗意的丛林》问世了。

在窦老师的"逼迫"下，我眼前的天地不断打开，我感受到了什么叫"大气"，什么叫"开阔"，什么叫"视野"，渐渐地，我不再为眼前的得失斤斤计较，不再纠缠身边的鸡毛蒜皮，心中的自信更是一点一点被唤醒、被激活。

好几次，熟悉的朋友聊到窦老师，都说她特别"真"，真实、真诚、率真。关于这一点，我很有发言权。

有一回，一个重要论坛邀请窦老师和我执教观摩课。我这人向来懒散，事不临头不着急。窦老师知道我这脾气，多次提醒，活动重要，要重视。我只是点头却不行动。她急了："把教案传过来，兴许我能给你提点建议呢！"婉转的话语里，包含着批评、焦灼、关切。

还有一回，她在电话里喜气洋洋，仿佛中了头彩。原来，她有篇文章即将发表——这对她并不算什么，但让她欣喜的是，编辑做了悉心修改，她很受启发。于是，她将原稿和改稿同时发给我，嘱我比较揣摩。看看，这人真的是"真"到了透明。

她"真到透明"的例子还有不少。比如，偶尔地，我也会给她的课提点小建议，自然都是些微不足道的小细节。可是，她总会当着很多人的面，甚至在讲座中，把这些放大好多，说我给了她不少帮助。在不安的同时，我明白了她之所以能够不断超越，一个重要原因是，拥有广阔的胸襟。

有段时间，我的教学主张与课堂探索遭到一些人的非议，又因为率直的批评惹恼了某些利益团体和个人，心中郁闷。窦老师一次次鼓励我，要我正确对待，坚定信心，相信自己，还发来短信，以诗励志："抱定真我不放松，立根尽在破岩中。闲听看客风凉语，不与阎闾话短长。"

当我与朋友们分享这些时，竟引发了共鸣。原来，他们也有过类似的体验。现在，一些年轻老师不时感谢我对他们的真诚帮助，其实，我只是把自己获得的温暖传递接力而已。

后来，窦老师担任了清华附小校长，还接手了一所新学校的管理工作，更加忙碌。我帮不了她任何忙，唯一能做的，就是尽量不去打扰她。有几回，想发个信息问候下，考虑再三，还是忍住了。但是，忙碌中的她仍旧关心着我。一天，忽然接到她的电话，说从成尚荣先生的报告中，得知我的新书《回到话语之乡》已经出版，询问是哪家出版社出的，准备给学校语文教师人手配一本。我听了很是惭愧，拙书出版已快一年，当初还请她写了封底推荐语，理应寄赠。更重要的是，书中我的实践思考，其水平离给老师人手一本还有很远的距离。我知道，她是以这样的方式表达着对我的鼓励和期望。

一转眼，遇见窦桂梅老师十多年了，十多年来，我一直不变地叫着她"窦老师"，那是一份敬重，而在心里，早就把她当"姐"了。

2014 年 2 月

不像校长

在教师行业摸爬滚打这么多年，早已练就一双火眼金睛：一大堆教师里头，基本不用费什么工夫，便能将其中的校长锁定；一大堆校长里头，也不用费多大工夫，便能目测出那些名校的校长。秘诀其实很简单，所谓观其行、听其言、察其神。这招屡试不爽。

不过，大概一年半前，我的这套"观人"秘籍竟然遭到了挑战。

2008 年 8 月，我来到南京市琅琊路小学工作。那自然是一所名校，于是，我在心里早早筑好了工事：让暴风雨来得更猛烈些吧。

有点奇怪的是，尽管不时会在校园看见校长戚韵东女士的身影，却很少听到她的声音。周三下午是全体教师集会的"周三有约"，我做好了聆听校长长篇大论的准备。那真的是可以理解并且应该的：办学的思想需要沟通，学校的事务需要落实，校长的理念需要宣讲。会议开始了——其实说"会议"并不准确，那是一次教师暑期生活的分享，无论说者还是听者，都喜气洋洋。只是一直没见戚校长的身影，一定是开会去了。一般说来，校长不在的会议才可能笑声连连。

又一个"周三有约"，还是没见戚校长的身影。心里不免有点同情起来，当校长真累，整天浸在会山与事务堆里。同时又一次暗暗侥幸，否则，怎会又有欢声笑语。

正思忖间，忽听台上的老师快乐地说，这个选题还是戚校长帮助敲定的呢！她一边说着，一边向着后排的某个方位微微地笑。我吃了一惊，扭过头，目光穿过人群，竟然发现戚校长安安静静地坐在后排，坐在一群老师中间，此刻也正笑意盈盈地望着台上的年轻老师。

"戚校长开会时一直坐在后面？"我轻轻问同座。

"是啊。"她回答得轻描淡写。

一位校长竟然不需要话语权，竟然不需要"统一"教师员工的认识？这哪像校长啊？

慢慢地，这样的发现越来越多。学校大大小小的活动非常频繁，学校里的各路人马轮番组织、布置、主持、宣讲、介绍、表演，可仍绝少听见戚校长的声音。我真的疑惑，不用话语，她该如何指挥偌大一所学校？

再渐渐地，我似乎听出些门道来，尽管是各路人马，但说着说着，我隐约能发现在其背后回荡着同一个主旋律。你听：

"这次我们年级的槐花节，一定要在各个环节精心设计，让孩子们有切实丰富的体验。"

"新年诗会要多推出我们琅小自己的小诗人，让爱诗、读诗成为琅小的文化景观。"

"给儿童的推荐阅读书目，一定多听听儿童的声音，要尊重他们的意见和意愿。"

"学生也是班级、学校的管理者，他们有知情权和参与决策权，我们要一起精心打造'小主人智囊团'。"

这些不分明是戚校长大力倡导的"快乐做主人"办学理念吗？我有点明白了，看来，戚校长不是不讲话，而是让自己的话化作了众人的话。"自己的话"是一种抽象的聚焦，"众人的话"则是丰富的呈现。对于教师尤其是儿童而言，一朵具体的花，远胜一千种关于花的描述。戚校长要的是"具体的花"啊！

当然，"具体的花"们为了自己的"花"更美丽，总是私下里逮住戚校长询问、征询、汇报。据观察，戚校长都是点头多。老师们说，戚校长"好说话"。

不要以为戚校长总是"好说话"，就在最近，她还执拗地跟众人唱了一回反调。

学校即将承办一次省级大型教科研活动，活动前一个月，决定编写一本关于学校近年理论与实践领域的研究成果的著作。一起讨论时，大家都有点底气不足，时间紧，要求高，还是准专论性质。出版社也认为难度比较大。看来，只有"退后一步"了。这时，举座都把目光投向戚校长。其实，我们都能猜到她的意见，现在只不过想听听她的关于"退后一步"的具体筹划。

"我不赞同'退后一步'。"还是一贯的轻言细语，但让众人都吃了一惊。接着，戚校长摆出了她的观点："其一，也是最重要的，我们的书不单纯是'写'出来的，而是学校这些年切切实实'做'出来的，有着丰富的实践经验作支撑。其二，教师的专业发展光有具体实践是不够的，还需要提炼概括，上升到规律性的认识，成为实践性智慧。要让写作成为促进教师专业发展的一种方式，成为丰富教师内心世界的一条路径。其三，这次的时间是紧了点，但教师的工作永远琐碎忙碌，绝不会坐等到一个宽裕的时间，那样任何的规划只会成为遥远的梦。我们需要只争朝夕，团队合作，同时加强指导，这样就会把这个难题啃下来的。"

她征询的目光投向每一位与会者。这"退后一步"竟然成了"猛冲一步"，不过，听她分析得如此有理，我们的信心被点燃了，一个个摩拳擦掌起来。

正如戚校长所预料，在大家的齐心协力下，书即将瓜熟蒂落。

这样的人真像校长。

写到这儿，忽然想起那次教师节联欢的场景。在体育组中气十足的带领下，一大帮子人齐声高呼："戚韵东，来一个！戚韵东，来一个！"这哪是喊校长啊，分明是叫一个够交情的朋友。

2010 年 3 月

师者如歌

人生充满了偶然。譬如现在，我就是因为一个曾经耳闻的名字，走进了一场小型个人独唱音乐会。

20世纪80年代，在上海的民族声乐舞台上冉冉升起了一颗新星，她就是当时上海师范大学音乐系年轻的声乐教师、女高音歌唱家徐小懿。记得那年上海人民广播电台王牌直播栏目"星期广播音乐会"举办她的独唱专场，阵阵的掌声今天仍然可以回想。也还记得她当年唱响的那首《赶小海》，歌声明亮、纯净，清新的感觉犹如凉爽的海风扑面。后来听说她当年曾在美国成功地举行了三场个人独唱音乐会，为多部电视剧及电影、话剧配唱主题歌。那时我还很小，耳边响过的各色歌声却是数不胜数，徐小懿这个名字只是无数中的一个，我甚至都未曾想过要在心里描摹一番她的模样。

人的行走总是充满变数，谁能料到，有一天自己竟会走进她所在的校园。于是，这个几乎尘封的名字又从心底的一角轻轻浮起。

今晚，是她一个学生的独唱音乐会，因为她，我决定去听一听。

外面下着冬日的小雨。演出前大约20分钟，她出现了。当旁边音乐学院的学生指点着告诉我她就是徐小懿时，我实在有点不敢相信自己的眼睛，坦率地说是有那么一点儿小小的失望。因为，她离我一厢情愿的想象太过遥远了，当年舞台上一切的耀眼（这是可以想见的）丝毫找不着光影，现在的她平凡得就像邻家大妈，有点发福的、不高的身材，平常的短发不加修饰，一件褐色的棉背心。典雅？华贵？风度？万人瞩目的艳羡？全都到哪里去了？

一进小音乐厅，她就开始前前后后地忙碌。终于在最后一排坐下，一会儿又站起对全场招呼：请大家安静，演出马上开始了，我们按照国际惯例，没有报幕，请自己看节目单。

演出开始，她似乎比歌手还紧张，几乎每一首歌的演唱中她都会轻轻穿过座位跟工作人员做现场指挥调度。歌曲的尾声未落，她的双手已经举起，准备着喜悦的掌声。

演出顺利结束，年轻歌手的手中捧满了鲜花。她提到了不少要感谢的人，最后，她说，最最要感谢的，是我的五年的声乐老师徐小懿教授。下面欢呼声响起，徐小懿幸福地走上舞台，接过学生送来的鲜花，灿烂地笑着，一切那样自然。我明白，这一环节其实早在她的预想之中，因为，她是老师。今晚的歌声，来自她的学生。未待邀请，她便开始了对学生的殷殷期许，甚至有那么一点儿母亲般的絮叨，下面轻轻响起一阵笑声。呵，请不要笑，你们可明白一名教师、一位母亲的心？

我想，我找到了徐小懿的美丽，我听到了徐小懿的歌声。

2007 年 5 月

216

让阳光照下来

国展中心，首届江苏教育博览会，梅子涵先生来了。

讲演台上，他的兴致颇高。他的高兴致正是我们的眼缘与耳福。

与他的红色 T 恤一般热情洋溢的话语，警醒着会场的听者。所有的，都在我的预料之中，包括那些无法预料的惊喜与颤动。

仍是熟悉的梅式话语，仍是笑与泪结伴的情感风暴。仿佛又回到他的课堂，十余人围坐在他的办公室，咖啡自然是少不了的，一切准备停当，于是从容地开始，稳健地行进。课堂氤氲着一种特有的味道，是拿铁与安徒生的融合。他的温絮如春、义愤填膺、痛彻伤感，都写在曾经的课堂。

有一回，与先生一起在食堂用过午餐，返回教学楼前，先生忽然止住脚步，久久凝望。是阳光下舞动的草叶与翩飞的小虫吸引了他。他感叹，生命多奇妙！

难以忘记的，还有那回两名博士的论文答辩。按规定，导师得回避。谁知先生站起来，认真而动情地对评审委员们说："我带了她们三年，在心中已经把她们当成了自己的女儿。今天，是女儿出嫁的日子，做父亲的怎么能不见证这一庄严的时刻？"伴随我们笑声的，其实是内心的潮湿。这样的父性光芒，永远笼罩着他的文字、他的讲话。

先生总是追求着生活的品质。据说，有一回给本科生开选修课——他的课自然是颇受欢迎的，常常爆满，很多学生当年就是读着他的小说长大的——课即将开始，一名学生拎着装有早点的塑料袋匆匆进来，一路哗啦啦作响。先生等那学生找到位置将物品摆放完毕，微笑着对他说："现在能否请你再进一次教室？"先生跟我们说，走进一个文学的课堂，应该是一种宁静的心情，是挣脱世俗的心境。那名学生放下哗啦啦的塑料袋，再一次地走入，其实是一种心态的调整。

先生的故事好多好多，一个个场景犹在眼前。

新世纪，先生开始致力于儿童阅读推广工作。在这个文学日渐稀缺的时代，他显得那么特立独行。在一次与影视学院学生的访谈对话中，那些准娱乐圈的年轻人早已对童话嗤之以鼻。令人惊讶的是，就是这些年轻人，最后，都被先生的讲述感动得眼眶湿润。

所以，在这次客串主持中，我说，梅先生也是魔术师，当然，他的道具是文字，是嘴巴。更为重要的是，魔术都是假的，他的魔术的的确确是真的。

梅先生讲述着《两棵树》，讲述着《记忆的瓶子》，讲述着小鸭子的故事，讲述着《小恩的秘密花园》。他说："故事讲完，泥土覆上，树会长大，记忆也会长大。读好书、好故事长大的人，拥有向日葵般的性格，光亮在哪里升起，他就向着哪里开放。"他还说："我们要穿越每天的世俗的生活，寻找一点诗意，寻找一缕生活的阳光。"

最后，我对大家，更是对自己说："今天，我们看到了一个人间的伯伯，如何在童话的路上走成了一个优雅的哥哥。让我们都来做小恩，一起等待春天的到来，让阳光从我住的地方照下来！”

2010 年 9 月

周老师的"好"

"老爸，本周随笔要求写一个难忘的人，我想写周老师。"儿子上初一，学校要求每周写一则随笔。周老师是他读小学时的语文老师，名叫周雪艳，是我的同事。

"当然好啊！"

"那写什么事例呢？"儿子似乎有点犯难。

"太多了吧。我都记得，有一次，你没吃早饭……"

"停停，这么没品位的事例！"儿子急了。

"那么关心你，竟说没品位！"我逗他。

"别故意添乱，我的意思是，周老师的好不是停留在这个层面的。"

儿子能有这样的认识，我很欣慰。我说："你能这样去认识一个人，不错。不过，这事我帮不了你，得靠你自己去体会、梳理了。"

有人说，遇到一位好老师，是一生之幸。那么，儿子可以说是被幸福包围着的，因为他遇到了一群好老师。周老师就是他一直念念不忘的一位。

老师的影响往往潜移默化地体现在孩子身上。因为刚调入琅琊路小学不久，我对周老师并不很了解，只是听闻她功底颇好，教学有方，深受学生欢迎。最初让我意识到周老师的特别的，是儿子的一个微小表现。很惭愧，因为事杂，我平时基本不管儿子的学习，包括语文。一天，太太出差，儿子只得读课文给我听。一开腔，我就有点小惊讶。儿子一向性急，说话语速很快，但是朗读起来，从容不迫，疾徐有致，情绪表达到位。我不由停下手中的活，专注地倾听起来。职业的敏感告诉我，这肯定是语文老师指导的结果。这样的表达，岂止是一种语言活动，更是一种气度的磨砺。于是，我对周老师的课堂产生了好奇。

不久，机会来了，周老师要上一节研究课。那天的教室挤满了听课的老师，周老师站在讲桌前，气定神闲。座位上的学生们呢，回答问题时轻轻地起立，齐声诵读时有节制地控制着音量。课堂也有争锋，也有冲突，但学生绝不面红耳赤，绝不咬牙切齿，既得体又大方，满眼小绅士、小淑女。当然，给我印象最深的还是周老师。整堂课，她的声音都是轻轻的，轻轻的。请原谅，只有这样的重复，才能传递我当时的感受。记得很小的时候写作文，常常用"静得仿佛一根针掉下来都能听得见"来描绘课堂的情景，就在那一天，我知道了，这不是修辞上的夸张，身边就有这样的课堂。那真的是一种非常美妙、非常舒服的静。没有任何的异响，人那么放松，思维又那么灵动。就好比平静的湖面，波澜不兴，水下却是潮起潮涌。对，就是周国平先生说的"丰富的安静"！这个场景让我联想到教育学者佐藤学的观点，他认为真正让学习发生的场所应该是安静的，他竭力倡导安静、润泽的课堂氛围，认为只有这样才能让学生处于一种自然的状态，他们才可以敞开心扉。我没有追问周老师是否受到这一观点的影响，但切身地感受到了安静的力量。

后来，周老师又有几次公开教学，我不巧都因有事错过，听着同事们的赞誉，心中唯有遗憾。

儿子五年级时，机会又来了。这次，周老师执教的课文是《莫高窟》。这篇课文很多老师都教过，让我们意外的是，周老师竟然抓住一个不起眼的量词，大做了一番文章。她问学生：课文中为什么说"一尊彩塑"而不说"一座彩塑"呢？她引导学生从"尊"与"座"所表现出的大小、所附着的情感以及用词的雅致等方面咀嚼、揣摩。她说，"尊"和"座"看似义同，实则不同，可见，量词也可以传情达意。就在我们都以为教学告一段落时，周老师却出示了一组短语：

一抹斜阳　一叶兰舟　一抔乡愁

一犁春雨　一阶青苔　一行白鹭

一纸水墨　一曲新词　一壶月光

不用说学生，连我们听课者都读得有滋有味。中国的文化，母语的情怀，意象的美好，就这样悄然流淌。

下课了，我们都还意犹未尽，语文备课组组长韩怡薰老师边走出教室边感叹："这堂课随便一抖落，都是一地的文化！"

有这样的语文老师，儿子的眼界自是有点不一般，小小年纪，一会儿要读余秋雨的《文化苦旅》，一会儿嚷着要买史铁生的《我与地坛》。有一阵他还热衷于研读几米的绘本。一询问，原来都是周老师推荐介绍的。儿子的那些同学更是有意思。有个男孩，一心想成为周老师那样的读书人，每个假期的固定旅游项目是去著名高校的图书馆参观。北京大学、南京大学、苏州大学、厦门大学、香港中文大学，诸多高校的图书馆，都曾留下他小小的身影。

当然，也有让我尴尬的时候。儿子五年级时，一次，周老师要带领学校的学生代表团去美国游学两周。那个学期，学校恰巧没有为我安排具体课务，我就主动要求去代课。没想到，遭到了儿子的极力反对。他的理由很充分："周老师上课那么棒，你会让我们同学笑话的！"

这样的老师，孩子当然难忘。在孩子心中，她当然"好"，当然"有品位"。我很好奇，儿子在随笔中到底是如何描述周老师的？本子发下来了，我迫不及待地打开："我们从周老师身上学到了许多课本上学不到的知识，这或许是周老师给我的最大启示。"

看来，儿子已经读出了周老师的"好"。

2014 年 1 月 21 日

卫卫这个人

一个下午，忽然收到从北京快递过来的两本书，看寄件人署名，孙卫卫，以为又是他的新著。拆开大信封，里面是本旧刊物，《世界文学》1979年3月号，纸页已经泛黄，但品相很好。我心里纳闷，翻看起目录，立马明白了。原来，这期正刊有法国著名童话《小王子》，肖曼译。业界一直传说这是国内最早的译本，自此，这部享誉世界的经典有了中国的呼应。卫卫知道我喜欢《小王子》，特意为我而淘。不老的童话安静地住在那本老刊物中，穿越时空，来到我的手中。再看下面一本，是《长满书的大树》，那是历年国际儿童图书节献辞和安徒生奖得

主受奖演说词的汇集。我想起来，有一回他在博客上记录自己的新近购书，提到了这本，我在下面"评论"说：已有旧版，是否再买新版，纠结中。就是随意的一句玩笑，没想到卫卫当了真，千里迢迢寄了来。

我想象得出来，卫卫憨憨地笑着，眯缝着眼睛，细心地包扎好这两本书，然后满意地托付给快递。卫卫就是这样的人。

我记起好几年前的一件事。我从网上的一个书籍目录中发现了一篇自己需要的小说，又意外地从卫卫的随笔中得知他竟然有那本书，便试探着询问能否帮忙复印。没几日就收到他的信件，附言说，单位复印机有问题，边上一行字迹不清，怕我急要，先将就着寄过来。再一看，卫卫竟然将未复印清楚的两行用笔工工整整地抄录了一遍。没过两天，又收到他的信函，心中奇怪。开启之后，才知道卫卫特地找了家复印店，又复印了一份，这次邮寄的是完整而清晰的复印件。

卫卫曾经在《中国新闻出版报》从事编辑、记者工作多年，跟我约过几次稿，当然就少不了给我寄样报。每一回，信封左下方都会有他工工整整的字迹：文见 × 版。我收到过许多编辑部、出版社发来的样报样刊，像卫卫这样做的编辑还是头一回遇着。

大概干过编辑的缘故，卫卫做事特别认真。我在自己博客的页面上链接了他的博客，下面注了行小字：小道消息说咱俩有点"像"。一天，收到他的"纸条"："'咱'改为'我'或'俺'是不是好些？你是对所有人说的，不是只对我一个人。"因为职业的原因，我这人对语言向来敏感，但遇到卫卫，甘拜下风。

2007 年，《中国新闻出版报》刊发了本地某位记者写的关于我的人物通讯，可能由于岁末工作繁多，稿费未能及时寄出。该记者致电时任总编室主任的卫卫讨要，很快，就收到了稿费。事后才知，其时报社正做财务结算，那笔稿费是卫卫自掏腰包先行垫寄的，而且，比实际应得还多了100元。我知晓来龙去脉后，一边埋怨记者朋友，一边连连向卫卫表示歉意。卫卫却说，是他们的工作没做好，该抱歉的是他们。

正因为卫卫的认真，我偶尔也会反客为主约卫卫写点东西。有一回，一家中文核心期刊策划了个专题，讨论"小学生作文能否虚构"。我跟编辑建议，不要总是教育界关起门来自己游戏，并自告奋勇组织稿源，头一个想到的就是卫卫。不出意料，卫卫坚持"小学生写作文最好不要虚构"（童话类除外），认为从小要树立"文为心声"的意识。确实，卫卫的观念与行为是一体的，那就是真实、真诚。前些天，我给卫卫发信息，建议他的小说创作可以关注下某某领域，没想到他回复说，自己对某一手法不甚擅长，真是透明、实在得可爱。难怪梅子涵先生说他是"背着黄书包的少年"，朱自强先生也说他"依然一颗少年心"。他背着他的黄色书包，书包里装着的是少年人的单纯与真诚。

卫卫是个儿童文学作家，怎么一点没提他的作品？那就拜托感兴趣的读者自己去阅读，《男生熊小雄和女生蒙小萌》《胆小班长和他的哥们》《班长上台》等。读着那些作品，你也会赞同，卫卫就是这样的人。

2012 年 2 月

他在音乐的星空想故乡

"车堵得一塌糊涂，抱歉要迟到一会儿。"他在手机里说。

看着大玻璃窗外来来去去、脚步匆匆的人流，霓虹灯变幻莫测地制造出各种光影，我突然有了某种不自信。凭一首歌获得的感觉真切吗？他真的乐意参与一次纯粹意义的为了孩子的创作？

他叫王达，是南京军区前线文工团著名歌手。当我心血来潮地决定为某部长篇童话写几首歌时，脑海中第一时间便跳出了他的形象。2002年，中央电视台第十届全国青年歌手电视大奖赛，一首《思念袭来》打动了我，那种阳光下的一抹感伤轻轻弹碰着听者的心弦，于是，我记住了演唱者"迷彩三人组"。最终，他们以最高分夺得专业组通俗唱法金奖。王达，正是组合中的那个男歌手，也是这首参赛歌曲的曲作者。如今，那部唯美的抒情童话正需要这样的情感表达，需要一颗心跟另一颗心的娓娓诉说。

辗转联系上王达时，他正在福建下部队演出。此刻，他已经坐在我的对面。他点燃一支烟，我们没有寒暄就聊了起来。

"那些花是为你们开的"

话题自然从这次的下部队演出开始。

他说，他们团每年差不多有 100 场下部队演出的任务，每一回走到战士中间，他都会受到一次精神洗礼，这回的演出尤为如此。

他吸了一口烟，眯起眼睛，似乎又回到了当时的场景。

有一场演出，刚演到第二个节目，一排战士呼啦全跑了出去。认为节目乏味？一会儿，他们又回来了，每人手里竟然都捧着一束鲜花。原来，他们准备给演员献花。要知道，这些花可是那位酷爱花草的团长前不久买来专门用以美化营地的，战士们碰一下他都不允许。可今天，没有任何命令，他们竟然私自摘了！团长自然窝了一肚子的火。谁知，演出结束，用餐时，团长却动情地说："演到下半场，我突然明白了，战士们做得对啊，那些花是为你们开的。"

"你知道吗，当时我猛然产生了一种感觉，一种被需要的感觉！"王达一下掐灭了手中的烟，忽然朝向我说。

他说，当年，他来到前线歌舞团看望女友，黑黑的夜晚，静静的院子，并没给他留下很好的印象。但是，为了感情，他终于也来到了前线。"以前，只是觉得进部队文艺团体较之进地方文艺团体多了一重保障，不用那么辛苦地打拼，这次才真正明白了自己的使命、自己的价值。"

"我离不开部队了！"他对我，又像是对自己说。

"是的，那些花为你而开！"以茶代酒，我敬了他一杯。

"将来，你就是那个人"

这两年，王达在团里组织了一个9人小乐队，时尚的青春风格受到战士们的热烈欢迎。起初，几位年轻乐手为了在舞台上表现得潇洒，想搞得自由随意些。王达告诉他们："真正的舞台自由是多少回严肃'规矩'下的产物，是心血与汗水的结晶，是一种大气境界的体现，我们还没到那个份儿。只有严格按照艺术的规律，一步一个脚印地走，认真对待每一个细节，才能有望成就将来的自由。"

谈到这一点，不能不提及2002年的全国青年歌手电视大奖赛。那次比赛无疑是王达艺术生涯的重要一程。当成功的鲜花包围着他时，他并没有可以歇一下的感觉，相反，却觉得找到了起点，预备出发。

"那次在解放军艺术学院，看李双江指导他们的参赛选手最后一次彩排，震动太大了。"

一名选手唱毕，在王达他们看来，几乎无可挑剔，可李双江却从演员在舞台上的一招一式点评起，毫不留情，指出一堆问题，每一点都叫人茅塞顿开。在他的严格指导下，选手的表现有了新的提升。

"我这才知道，一个演员在舞台上是要那样讲究的。那是只有长期在舞台上摸爬滚打的一流演员才道得出的真经。我真希望自己身旁也能有个那样的人，也能多得到些那样的指点。"

"将来，你就是那个人。"我真诚地说。

"音乐是提升人的"

王达有自己的音乐工作室，团里团外的工作非常忙碌。4年前就开始策划的他与太太（著名歌星朱虹）的演唱专辑，至今才做了两首歌。

"没办法，太忙了，创作需要宁静的心境，自己的事只有一拖再拖了。"说到这里，他似乎有些无奈。

"不过，一听说是孩子的事，是童话的事，我来了兴致。我喜欢纯净的东西，我追求流行音乐的品质。"话锋一转，他的眼睛都亮了起来。

他已经看过我写的歌词，仔细地询问我所设想的音乐形象，说回去还要再细读作品，因为曲作要最大限度地反映内涵，抒发心声。

这次下部队，一名跟随他们的文化干事在连续观看至他们的第十一场演出时，竟然两度落泪。为什么？因为流行歌曲唱的是情，是内心的流露。这是流行音乐的灵魂。

王达特别喜欢迈克尔·杰克逊的音乐。他说自己的英文并不很好，不能完全听懂歌词，但照样被打动，因为音乐是全人类的语言。他从迈克尔·杰克逊的音乐里听到了善良，听到了大爱，听到了音乐里的童心。这是真正的音乐。

提及自己的创作，他说，好的歌词可遇不可求，坚守文学品质的词作家实在太少。有一回，一名词作者拿了一首图解式的作品请他谱曲，请朱虹演唱，说是用于主题晚会，反正只用一次，将就一下。王达毫不客气地谢绝了。他说，音乐不是迎合，音乐是要陶冶人、提升人的，音乐应该是人精神上的一个朋友。

王达很欣赏台湾著名词人方文山的作品，特意买来他的词集揣摩研究。他说，方文山的词作为什么得到那么多人的欢迎，因为他用艺术的手法审美地再现了人们的情感，是一种真善美的体验。

"我写我内心的歌，我唱我内心的情。"最后，他这样说。

不知不觉，我们已经聊了好久。站在城市的街头，挥手告别的时候，那部童话的旋律竟然从我的心底轻轻飘响。

2010 年 1 月

母亲与孩子

前几天，十余个朋友小聚。除我外，不是作家就是编辑，因此，任你海阔天空八卦神侃，最后总会曲里拐弯，万变不离其宗地绕到写作的话题。忽然，就听斜对面的韩青辰轻轻地说："每当提起笔，我就觉得怀里正抱着个孩子。"那一瞬，热闹的饭桌一阵安静。

严格说来，韩青辰是个业余作家，尽管她的作品已经得过很多奖。她的真正职业是江苏省公安厅的一名女警官。这个职业与儿童文学似乎风马牛不相及。

记得三年前的一个午后，我们在北京西路的那家小邮局不期而遇，便在路边聊了起来，我趁机提出了那个心头盘旋已久的疑惑。她说，正是这个职业将她推向了儿童文学。因为职业的关系，她采访了很多囚犯，甚至死刑犯。随着交谈的深入，她痛心地发现，他们几乎都有一个不幸的童年，一个被孤独和歧视围困的童年，一个缺失了爱的童年。每每谈及这些，他们竟都抑制不住地抽泣。"我的内心受到了震动，我怜惜他们。我想用自己的笔，为童年做一点事。"

路旁，高大的梧桐树将影子投射在地上，留出一片阴凉。有一片枝叶在她秀美的眉尖轻轻跃动。我牢牢记住了那个午后。这样的作家，令人敬重。这样的文字，让人放心。后来有几回，我受朋友之托，约韩青辰做几次活动，跟读者见见面。电话过去，她犹豫一会儿，为难地说，手头正写一个作品，在创作的过程中，是不外出参加活动的；她需要安静，需要凝神聚气。又有一次，她告诉我，新著即将出版。那个作品，曾写到十万字又推倒重来。她说着，轻轻地叹了口气，随即又笑了。那一刻，完全就是一位母亲，正谈着自己又恨又爱的孩子。

我想起瑞典"童话外婆"阿斯特丽德·林格伦，她的经典名作《长袜子皮皮》就是为7岁女儿每天晚上讲的故事。后来，作家把这个故事写出来，作为赠送给女儿的10岁生日礼物。陈丹燕的《我的妈妈是精灵》也源于给女儿讲的故事。这样的例子还能举出很多。透过这样的文字，我们能读到一位母亲的心。这样的文字呵护了童年，自然也得到了儿童的喜爱。

要说的第二个她，叫吴鸽，是一名小学语文教师，任教于我的家乡南通。

我跟吴鸽相识已十多年。当时，她还是一名师范生，作为优秀学生代表，被南通师范学校派往位于崇明岛的海永学校支教。我受命担任她的"指导老师"。后来，她工作了。再后来，我们渐渐失去了联系。一年前，忽然收到她的短信。不长的文字里，她诉说着对教育的热爱和执着，让人感到一片明媚阳光。今年上半年，我回南通参加一个活动，见到了吴鸽。她说，做了母亲，对教育、对儿童有了新的理解。她才发现，这份职业原来如此值得珍惜。她不想做个平庸的教师，于是，阅读，反思，成了每天的生活内容。白天，她将自己的课堂录音；夜晚，从容地回放，安静地倾听，冷静地思索，再执笔成文，直至夜深。几乎日日如此。就一节《寻隐者不遇》，竟写了三次反思，直面问题，严峻自问。去年一年，这样的文字累计有十万余字。我听了，吃一惊，不由问："天天这样不苦吗？"她轻描淡写地说，"哪有苦？写完一篇反思，只觉得又生育了一个孩子。"

又是孩子！孩子，是母亲最伟大、最骄傲的作品。怀抱孩子，生育孩子，再苦都是甜，再累都在笑。更重要的，内心还有一份责任、一份自豪。于是，就有了不竭的动力。一个女性，将自己所热爱的事物称作孩子，对此，除了信任与敬慕，我们还有什么可说的？

2014 年 5 月